我们一起解决问题

供应链创新管理译丛

THE LOGISTICS AND SUPPLY CHAIN INNOVATION HANDBOOK

物流与供应链创新手册

颠覆性技术与新型商业模式

Disruptive Technologies and New Business Models

[英] 约翰·曼纳斯-贝尔 John Manners-Bell
[英] 肯·莱 Ken Lyon 著
张瀚文 译

人民邮电出版社
北 京

图书在版编目（CIP）数据

物流与供应链创新手册 ：颠覆性技术与新型商业模式 / （英）约翰·曼纳斯-贝尔（John Manners-Bell），（英）肯·莱（Ken Lyon）著 ；张瀚文译. -- 北京 ：人民邮电出版社，2021.8
（供应链创新管理译丛）
ISBN 978-7-115-56230-2

Ⅰ. ①物… Ⅱ. ①约… ②肯… ③张… Ⅲ. ①物流管理－商业模式－研究②供应链管理－商业模式－研究 Ⅳ. ①F252.1

中国版本图书馆CIP数据核字(2021)第054481号

内 容 提 要

随着市场环境的演变和人工智能、区块链、自动驾驶等新技术的不断发展及应用，传统的物流和供应链行业受到了高科技的冲击和数字化转型的挑战。第四次工业革命正在推动物流和供应链行业转型，其面貌将被新技术和新商业模式重塑。

本书共有 18 章，全面地介绍了目前正在发展的重要新技术和新商业模式，包括共享经济与众包运输、按需交付、物联网、人工智能、控制塔、区块链、自动驾驶汽车、电动汽车、替代燃料、仓库自动化、亚马逊和阿里巴巴的商业模式等。这些内容可以帮助物流和供应链行业的从业者了解行业未来的发展趋势及如何做才能适应新的市场环境，保证自己公司的业务持续发展。

本书适合物流和供应链行业的从业人员尤其是中高层管理者阅读，也可以作为相关研究机构、咨询机构、投资机构的参考读物。

◆ 著 ［英］约翰·曼纳斯－贝尔（John Manners-Bell）
［英］肯·莱（Ken Lyon）
译 张瀚文
责任编辑 陈 宏
责任印制 胡 南
◆ 人民邮电出版社出版发行 北京市丰台区成寿寺路 11 号
邮编 100164 电子邮件 315@ptpress.com.cn
网址 https://www.ptpress.com.cn
大厂回族自治县聚鑫印刷有限责任公司印刷
◆ 开本：720×960 1/16
印张：18 2021 年 8 月第 1 版
字数：300 千字 2021 年 8 月河北第 1 次印刷
著作权合同登记号 图字：01-2020-1536 号

定 价：99.00 元

读者服务热线：（010）81055656 印装质量热线：（010）81055316

反盗版热线：（010）81055315

广告经营许可证：京东市监广登字20170147号

本译丛专家委员会名单

（按汉语拼音排序）

译者序

2015年盛夏的一个凌晨，在上海市青浦区徐泾镇，在国内最大的零担承运商之一的总仓门口，我和负责商务及技术工作的几位同事坐在烧烤摊旁支起的塑料板凳上。在刚刚完成业务高峰期的手持终端设备（物流行业内称之为“巴枪”）测试之后，我们开始展望物流行业的未来。那时，巴枪的售价相当于一位分拣员一个半月的薪水。我们热烈地讨论着如果巴枪的单价下降一半，快递的面单价格将会变成多少。

5年后，当人们寄送快递时，似乎已经不再记得手写面单这件事，巴枪的售价则下降了近80%。行业内讨论更多的是在交叉输送带上有效读码的最快速度是多少，如何自动完成体积测量和危险品检测等工作。

同样是在大约5年前，当我向家中面临高考的晚辈推荐物流作为大学攻读的专业时，几乎所有的人都认为我在开玩笑。那时，物流行业从业人员在很多人眼中等同于快速小哥。如今，上面提到的那家物流承运商为其中层管理人员配置的座驾的标准，已经远远超过我这个在外企工作近20年的职业经理人……

2020年，一场突如其来的疫情从许多方面改变了人们的生活方式。物流行业经历了年初断崖式的下跌到3月、4月的报复性反弹。新零售和物流相辅相成，在很大程度上保证了疫情期间我国经济社会的正常运转。新零售人、货、场数据链的打通要求建立更深层次的物流及供应链网络，不仅仅局限于传统的信息互联互通，还要将物流融入从原料加工到终端消费的每一个环节——在物流端产生数据，在制造端消费数据。

信息流在零售业的打通最早可以追溯到20世纪80年代，当时的沃尔玛在供应链环节实现了电子数据交换系统对接。而在新零售场景中，供应链要素要以最小的颗粒度，像网络节点一样随时重构，从而在业务场景发生转变时实现调整和重构。例如，短路经济模式（C2M模式）对实时动态的仓储物流提出了更高的要求，甚至在某些环节，个性化包装与产品组合已经使供应链成了制造的一部分。同时，这些供应链要素应当是实时在线的，并且网络效应会随着网格的持续扩大，呈现指数级的增长。例如，在向智能化方向发展的过程中，算法会加载到网络上，使物流整体变成会观察、思考和自我修复的智慧网络。商品库存从制造末端离开，直到送达消费者手中之前，不论商品处于流转或在库的何种状态，都要有非常清晰的状态数据，不仅要能做到实时跟踪，还要能做到实时调度调配。这是向C2B和C2M的智慧供应链和智能制造发展的基础。今天，电商平台与商家合作打通库存，提供2小时送达服务，以及生鲜蔬果和普通货物深入社区的前置仓模式，实现了这类以分钟计时的服务体验。

再看硬币的另一面，物流行业的人口红利从2016年开始逐渐消退，这个趋势是不可逆的。物流全链路的智能化和自动化是大势所趋。不管是仓内机器人及最后一公里的自动化，还是智能立体化仓库及各种各样的机器人、机械臂，不论从成本、用户体验还是从品质管控的角度来看，这些全链路的自动化和智能化已经逐渐像云计算那样成为某种基础设施。智能化设备带来的另一个好处是整体系统的弹性得以增强，在业务高峰和低谷比较明显的物流行业，这种弹性带来的成本效益是不容小觑的。

全球化是影响供应链的另一个重要因素。跨境物流将带动各国制造业复苏，进而带动全球消费复苏。全球化的物流体系不仅意味着一张涵盖各生产端、消费端的全球供应链网络，更重要的是它将打通跨境过程中海关、商检等各个环节。这需要在政策和技术层面同时发力。上海海关是全球最大的海关之一，传统上每年的报关量是 100 万。在新的跨境模式下，现在一天的报关量需求就可能超过这个数字。因此，必须对整个流程、体系进行深度改造，才能将跨境物流网络融合，使之与今天消费端的需求匹配起来。

明天的物流和供应链会是什么样的？这便是《物流与供应链创新手册》这本书吸引我的地方。它从不同的维度探讨了物流和供应链领域技术的历史和发展，结合发展过程中的事件，折射了未来的发展方向。其中的成熟案例和前沿应用是我们在探索和创新过程中必不可少的借鉴与参考。

我仍记得数年前一位友人的愿景："花 5 元人民币送遍全国；花 5 美元送遍全球。"如果这个愿景成真，它将对全球的经济产生多大的影响？今天仍不得而知。但是，在传统供应链模式中的每个环节都在被打破的时候，立即采取行动才是正确的选择。一步实际行动比一打纲领更重要，大家不妨从打开《物流与供应链创新手册》这本书开始。

张瀚文

于 2021 年 3 月 1 日

前 言

自从我们开始各自的职业生涯以来，供应链和物流行业已经经历了一定程度的转变。在早期的记忆中，办公室的角落一定会放着一台裹着一卷卷纸带的电传机；后来，电传机由于传真和电子邮件的出现而自然消亡。当时，送货司机要带上纸质的送货单、地图和用来打电话的零钱，以便在送货前拨打电话。现在，我们难以想象还有什么工作可以在没有计算机或智能手机的情况下顺利地完成。

当然，那时的工作仍然可以正常运行（在大多数时候），但是不具有今天这样的效率。生产流程和零配件都要有冗余，以防出现缺失或存在缺陷（缺陷确实常常出现）。丢失的货物、丢失的库存、糟糕的路线管理、延迟的交货、散漫的文档工作随处可见。其结果是运输时间很长，生产计划难以把握，库存水平和燃料消耗量高企，劳动力和管理成本高昂，以及对经济的负面影响。

在过去的几十年里，流程变得简单高效。现在的技术为供应链提供了一定程度的可见性，这在几年前是难以想象的。准时制生产方式（Just in Time，JIT）创造了对频繁、可靠的运输的需求，而电子商务给物流行业带来了更大的压力。

然而，在很多方面，这个行业仍然像多年前的样子。但这种情况还能维持多久呢？新一代技术的发展和创新的商业模式意味着颠覆是不可避免的。数字化、3D 打印、区块链、电子商务、自动驾驶汽车、替代燃料（以及许多其他的技术）正在带来系统性的供需侧的变化。

变革的步伐正在加快，跟踪这些变化已成为一项越来越重要也越来越困难的工作。因此，我们要感谢运输情报咨询公司（Transport Intelligence，TI）英国研究小组，他们为本书的素材收集提供了帮助，感谢尼克·贝利（Nick Bailey）、戴维·巴克比（David Buckby）、维奥莱塔·科卡罗夫斯卡（Violeta Keckarovska）、亚历克斯·勒罗伊（Alex Leroy）和安迪·罗尔斯（Andy Ralls）。

约翰·曼纳斯–贝尔和肯·莱

THE LOGISTICS AND SUPPLY CHAIN INNOVATION HANDBOOK

Disruptive Technologies and New Business Models

目 录

THE LOGISTICS AND SUPPLY CHAIN INNOVATION HANDBOOK

Disruptive Technologies and New Business Models

第 1 章

创新与第四次工业革命

本章将介绍：

- 第四次工业革命是什么；
- 新兴技术对供应链的影响；
- 创新的分类，以及怎样充分利用数字技术和实体技术创新来满足业务需求；
- 不同的创新技术如何应用于供应链的不同环节；
- 组织创新，如横向协作（Horizontal Collaboration）；
- 实体互联网（Physical Internet，PI）及关于如何整合一系列组织创新和技术创新的建议。

"第四次工业革命"是一个术语，用于描述结合了与技术、社会和商业相关的颠覆性力量所推动的经济转型。它不仅推动了共享经济的发展，如爱彼迎（Airbnb）和优步（Uber），也改变了人们对资产所有权的认知。

虽然第四次工业革命对运输、物流和供应链行业的发展影响极为深远，但目前还难以断言其对行业的影响是积极的还是消极的，这在很大程度上取决于人们在未来几年做出的选择。

我们可以分析预测一下第四次工业革命对就业的影响。无人驾驶汽车、仓库机器人和3D打印等重大创新使供应链日趋自动化，这可能会减少数百万个工作岗位。除非通过教育和培训使这些即将面对未来的雇员具备足够的技能，以适应不断变化的经济环境，否则其中很大一部分人会发现自己被抛弃了，无缘于这股技术浪潮所带来的福祉。

事实上，整个供应链领域的未来充满了不确定性。在不久的将来，3D打印或将大幅减少制造业对上游供应链（多数位于亚洲）的依赖，制造在当地工厂完成的模式将逐渐取代供应链模式。这意味着目前为数众多的分包商及组装企业将失去存在的价值。同时，新模式还将淘汰原模式中用于连接不同生产环节的物流服务。成本较低、可以批量运输的打印材料将取而代之，因为这些材料完全可以取自临近的大型化工厂（详见第 7 章）。

尽管产业变革的进程在一定程度上会受到某些力量的干扰，但历史潮流不可阻挡。如今，监管部门常常感到难以跟上技术变革的步伐，这可能导致“治理真空”和法律法规的缺失。这种现象同样出现在无人驾驶汽车、零工经济（Gig Economy）及无人机领域。

新技术的影响力或许被夸大了，但翻天覆地的改变将在不久的未来发生，这一点不容否认。供应链和物流公司需要为这种新的业务环境做好准备，建立灵活和敏捷的结构，使之能够应对快速变化所带来的挑战，无论这些挑战是什么。

第四次工业革命的主题

世界经济论坛（World Economic Forum，WEF）明确了第四次工业革命的五项主题，具体如下。

信息服务

WEF 于 2017 年称：“通过一些创新举措，如物流控制塔（Logistics Control Tower）和‘分析即服务’（Analytics as a Service，AaaS），数字化赋能的信息服务将数据置于物流业务的核心，这将在降低物流运营成本的同时显著地提高运营效率。”据 WEF 估算，这些创新举措可以帮助物流和供应链行业优化路线、提高利用率、减少维护量，为该行业带来 8 100 亿美元的利润。举例来说，物联网（Internet of Things，IoT）产生的大数据将在其中发挥重要作用。

联网的边缘设备不需要人工操作就能进行信息交互，这类设备已经大量出现，为数据采集、预测分析和信息技术（Information Technology，IT）自动化创造了新的可能性。例如，为了配合自动驾驶汽车的发展，城市之间可以共享交通状况数据，进而优化路线、提升效率。

经过优化的配送网络将会显著地影响库存持有量（虽然其影响力弱于次优运输），集中化的库存形式或许仍将存在，以避免当地库存过度分散。

WEF 还将 AaaS 视为信息服务的重要组成部分。WEF 预计 AaaS 将带来下列积极的变化：

- 为道路货运公司节省 5% 的燃料成本；
- 通过预测性维护将维修成本降低 30%；
- 将物流利用率提高 5%。

WEF 在 2017 年预测，依靠信息服务，道路货运公司每年可节省成本 5 200 亿美元，航空货运和航运公司每年可节省成本 300 亿美元和 500 亿美元。此外，碳排放量每年将减少 40 多亿吨。

物流服务

WEF 于 2017 年称："数字化物流服务可以增强跨境平台的服务能力，进而促进贸易增长。"众多企业（特别是中小型企业）在跨境运送小型包裹货物时仍面临不小的麻烦，它们需要更加简单的流程。现在，技术赋能的中介平台正在解决这些问题。

数字物流服务（如数字货运平台）将助力于满足客户日益增长的对快速交付的需求，并进一步推广"城市物流"这一概念，这将支撑企业在特大城市中的高效运营。

据 WEF 于 2017 年发布的数据，贸易流程的简化可以为贸易平台带来 1 200 亿美元的额外利润，同时给物流公司带来 500 亿美元的额外利润。

案例研究 1.1

易趣的全球运送计划

全球化的电子商务平台易趣（eBay）已经认识到了这一点，它推出了全球运送计划（Global Shipping Program），该计划能使零售商的商品销往50多个国家的数以百万计的买家。全球运送平台（Global Shipping Platform）可以向国际客户显示商品的全部到岸成本，并且为企业提供了将商品运往国际客户所在地附近航运中心的服务。海关备案、包装和进口付款等事务都可以交给中介机构处理，然后货物被发送给国际买家，全程可跟踪。全球运送计划对所有入驻易趣交易平台的用户都是免费的。

全球运送计划获得成功的主要原因是其克服了传统国际货物运输中的难点，尤其是对小企业而言。中小型企业希望流程更加简化，而技术赋能的中介平台正在满足它们的需求。此外，中小型企业不太可能完成全程的跨境业务运营，因此它们需要端到端的跟踪服务，以监测国际发货流程。

根据易趣发布的数据，全球运送计划使其销售额增长了15%。这个过程比传统的国际贸易要便捷得多，国内小企业只需要处理国内的货物运输，将跨境物流的烦琐手续交给更专业的中介平台去处理就可以了。全球运送计划还提高了物流过程的可见性，买方可以预先获得到岸成本信息，并进行端到端的物流跟踪。最后，全球运送计划节省了业务成本，因为它整合了许多中小型企业的出口包裹运输业务。

该计划成功的关键在于：

- 启用了能够预先计算全部到岸成本的创新软件；
- 建立了在全世界拥有超过1.5亿名用户的全球交易平台；
- 建立了可以汇集国际出站物流的国家级物流中心。

交付能力

WEF 于 2017 年称："自动驾驶货车与无人机等新的交付方式意味着更高的配送效率。"对全球道路货运业来说，没有什么技术比自动驾驶汽车更具颠覆性了。尽管新闻报道主要集中在乘用车上，但全球最大的几家卡车制造商，包括戴姆勒（Daimler）及创新型企业特斯拉（Tesla）、Wrightspeed 和尼古拉汽车公司（Nikola Motor Company），已经在这项技术上投资了数十亿美元。

目前看来，要想让卡车不再需要司机驾驶，仍然有很长的路要走。这项技术仍然面临着巨大的挑战，这些挑战不仅来自劳工组织，还来自交通安全监管机构，甚至普罗大众。

总体来说，汽车制造商认为自动驾驶汽车可以带来下列好处：

- 计算机将更高效地驱动汽车，同时减少燃料消耗和排放；
- "完美"地规划行驶路线；
- 通过自我诊断服务显著地减少故障；
- 通过紧急制动显著地减少事故；
- 缓解道路拥堵；
- 完全消除人为失误导致的事故。

第 12 章将更加深入地探讨这个主题。

尽管技术因素与监管措施或许会限制这些创新的发展，但 WEF 仍然认为，这些创新将在未来 10 年贡献 500 亿美元的经济增长。

WEF 还将 3D 打印纳入了这个创新清单。3D 打印将有效地交付产品，消除打印材料以外的运输需求。因此，到 2025 年，物流服务提供商的营业利润可能会下降 10 亿美元。

循环经济与可持续发展

WEF 于 2017 年称："循环经济将延长可持续产品的生命周期，通过减少二氧化碳排放、空气污染和废物的产生，使相关行业对环境的影响最小化。"WEF 估计，到 2025 年，数字化举措或将帮助物流行业减少 10%~12% 的排放量。

由汽油和柴油驱动的交通工具的结构性变化也在持续地发生，尤其明显的是各地政府在市区限制柴油等传统燃料在卡车上的使用。人们越来越关注空气中的微粒和碳排放对环境的影响。这意味着经营者需要考虑传统柴油汽车的替代品，包括电动汽车，但两者今天在能源效率方面仍有差距（关于替代燃料的更多内容请参阅第 13 章）。

共享经济

WEF 于 2017 年称："共享仓库与共享运输能力有望在不久的将来显著提升资产利用率。"众包运输是该行业的一个重大机遇，同时也是一个重大威胁。WEF 认为，使用众包平台的公司可能会从传统货运公司手中夺走 3 100 亿美元的利润。

借助智能手机，众包运输 App 能够更好地匹配供需关系。在城市道路环境中，借助公共车辆或火车运送包裹可以减少道路拥堵。司机可以使用优步式的平台来利用车辆的闲置运力，从而在赚取更多利润的同时减少路面的货车数量。

传统的经营者也能从更高的装载量中获益。不过，这些平台也可能会吸引更多的车主来承接包裹的零担运输，但这实际上会加剧交通拥堵（详见第 11 章）。

第四次工业革命对物流行业的总体经济影响

WEF 与咨询公司埃森哲（Accenture）估计，到 2023 年，物流服务提供商可能面临高达 1.5 万亿美元的收入损失，但物流创新将额外带来 2.4 万亿美元的社会效益（2023 年物流创新带来的收益见表 1.1）。

表 1.1　2023 年物流创新带来的收益

单位：亿美元

	新业务价值	物流成本降低	排放和交通拥堵
数据分析	6 000	—	—
控制塔	2 100	—	—
贸易便利化	1 700	6 000	-550
众包	3 100	8 000	1 800
自主运输	—	500	—
共享仓库	—	5 000	700
总计	12 900	19 500	1 950

创新的本质

在过去的 20 年里，“创新”这个词被频繁使用，甚至有很多人指出这个词被滥用了。物流公司经常被其客户指责缺乏创新，而这些客户——制造商或零售商本身也仅专注于削减成本，并不在意创新与否。事实上，除了少数例外，大多数物流公司及其客户都对现状感到满意，直到最新一代的电子商务颠覆者和数字服务提供商刷新了消费者的期望。

创新有很多种。物流创新被定义为“通过新产品或新服务、新流程、新交易类型、新关系或新商业模式创造物流价值”。创新分为五种类型，如表 1.2 所示。

表 1.2　创新的分类

创新类型	说明
产品与服务	开发新产品与新服务
流程	改变产品或服务的生产或提供方式
交易	新的销售方式
关系	与客户或供应商建立新的合作模式
商业模式	改变运营模式

在许多情况下，这些创新不可避免地相互关联。可以说，亚马逊（Amazon）的成功是所有类型创新的综合结果。亚马逊开发新产品，不断地创新服务交付方式，使用新的销售方式，并与客户和供应商建立新的关系。这不仅引导了其业务转型，也影响了整个行业的转型。

本书强调的新技术在所有类型的创新中都占据重要位置。值得注意的是，发展技术本身并不是目的，关键在于通过释放价值或削减成本为企业带来明显的效益。围绕 3D 打印、无人机或区块链的商业炒作必须以此为标准进行评判。

数字与实体技术创新

图 1.1 说明了商业需求与技术创新之间的关系。没有商业需求，就没有对新技术的需求。这听起来似乎是不言而喻的，但是开发人员通常很难真正预测他们开发的新应用程序或新产品是否有市场。还有一种风险是，开发人员开发一款新的应用程序仅仅是因为他们可以胜任，而不是因为市场需要。值得强调的另外一点是，有些商业需求可能不容易识别。例如，大公司的惯性可能会妨碍其采用新的运营模式。

假设需求已经确定，则满足这种需求的技术创新通常可以分为实体创新与数字创新。如图 1.1 所示，实体创新包括替代动力系统、无人机、3D 打印和机器人。数字创新包括数据流和由此造就的增强型的决策能力，如人工智能（Artificial Intelligence，AI）、数字交易平台和区块链等。

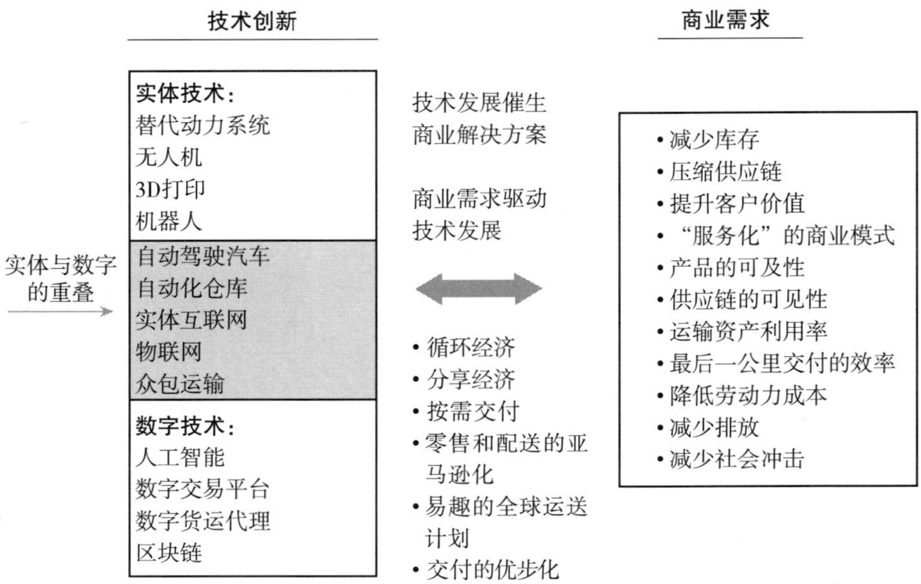

图 1.1　技术创新与商业需求的关系

当然，有时实体世界与数字世界是相互重叠的。自动驾驶汽车可以在没有人工干预的情况下做出决策，因为 AI 可以解析由传感器、全球定位系统（Global Positioning System，GPS）、摄像头和雷达共同提供的海量数据。自动化仓库可以调度数百台机器人，因为它们可以高效地拣选货物。IoT 可以利用传感器来确定车辆是否需要保养或零部件是否需要更换。同样的道理，人们的参与、智能手机和数字交易平台的结合也使众包运输成为可能。

这些创新与商业需求的结合点就是第四次工业革命及其分支主题，如循环经济、共享经济或按需服务（On-demand）。

一些公司已经成为它们所推动的创新的形象代言人。例如，亚马逊改变了零售业，并创造了一种在其设施内共享配送能力的新模式；易趣的全球运送计划尝试在跨境电子商务领域做出同样的创新；优步充分利用智能手机和数字平台，已经成了行业转型的代名词。如图 1.1 所示，商业需求驱动技术发展，而技术发展催生商业解决方案。

图 1.2 展示了颠覆与创新对供应链各个环节的影响。IoT 将在整个供应链范围内，对商品从制造商到最终用户的交付和仓储过程产生深远的影响。其他因素（包括众包运输）将会对特定的交付环节产生影响。可穿戴设备、增强现实（Augmented Reality，AR）眼镜和协作机器人将在仓库中找到用武之地并大显身手。

图 1.2 展示的一些创新影响深远且应用广泛，而另一些创新的影响力和应用范围则相对有限。

<table>
<tr><td>上游供应链</td><td colspan="3">下游配送</td><td rowspan="2">产品生命周期终止/备件</td></tr>
<tr><td>产品设计/生产/采购</td><td>仓储</td><td>运输</td><td>最后一公里交付</td></tr>
<tr><td colspan="5">物联网</td></tr>
<tr><td colspan="5">区块链</td></tr>
<tr><td colspan="5">人工智能</td></tr>
<tr><td colspan="5">付款方式（加密支付）</td></tr>
<tr><td colspan="5">电子商务</td></tr>
<tr><td colspan="5">基于云的数据可视化系统</td></tr>
<tr><td>3D 打印</td><td>机器人与自动化</td><td colspan="2">优化车辆利用率（远程信息处理）</td><td>3D 打印</td></tr>
<tr><td>循环经济设计</td><td>可穿戴技术</td><td colspan="2">减少行驶里程（路线优化）</td><td rowspan="3">循环经济设计</td></tr>
<tr><td colspan="4">温控包装与传感器</td></tr>
<tr><td>跨境拼单</td><td>库内读码或扫描技术</td><td>货物尺寸标准化</td><td>众包运输</td></tr>
<tr><td>产品微型化</td><td>灯光拣选与语音拣选</td><td>安全驾驶与驾驶室培训系统</td><td colspan="2">自提柜及其他交付方式</td></tr>
<tr><td rowspan="2">智能包装设计</td><td rowspan="2">增强现实仓库拣选</td><td>资产追踪</td><td>无人机</td><td rowspan="3">提升退货速度</td></tr>
<tr><td>数字货运平台货</td><td>优步化的交付系统</td></tr>
<tr><td rowspan="2">大规模定制设计</td><td rowspan="2">绿色仓储</td><td colspan="2">替代燃料</td></tr>
<tr><td colspan="2">自动驾驶设备</td><td rowspan="3">便捷的退货</td></tr>
<tr><td rowspan="2">“近岸”/“回岸”</td><td rowspan="2">内部物流</td><td rowspan="2">预测性维护</td><td>替代地址转换系统</td></tr>
<tr><td>线上购物，线下提货</td></tr>
</table>

图 1.2　不同的技术创新在供应链中的定位

组织创新

在供应链和物流行业中出现的许多创新都是与组织特征相关的。换言之，这些创新与上下游关系、运营流程或商业模式有关。尽管最初的驱动因素可能仍是技术创新，但组织创新主要通过改变运营模式或客户与供应商之间的关系而创造价值。

案例研究 1.2 中概述的横向协作就是这样一种创新，PI 也是如此。横向协作和 PI 都非常依赖技术发展，但它们的成功应主要归因于企业文化的转变，以及在共享承运商、客户、资产和配送网络方面采用了更为开放的方法。

案例研究 1.2
横向协作

横向协作是组织创新中的一项重要内容，其目的是协调不同制造商之间的供应链和物流关系，解决仓储和道路货运市场效率低下的问题。

通过彼此合作，这些制造商可以有效地合并其发货量，整合配送网络，从而实现一系列的效率提升。在行业内，这也被称为“同步”（与“外包”相对）。横向协作最引人注目的是它能以相对低的代价带来立竿见影的好处，这正是当今市场环境中的一个重要因素。

在仓储领域，合并库存可以提高配送中心的利用率。例如，当供应链再造项目大幅减少中央库房的库存时，未被充分利用的库房通常会产生不必要的资产和员工成本。解决这个问题的方法是引入另一家制造商共享库房，冲抵成本，提升效率。

在运输领域，横向协作也可以产生效益。制造商可以通过共同装运实现协同效应，尤其是在将产品配送到日用消费品行业的相同零售网点、汽车经销商或高科技服务零部件投放点时。

一个针对两家开展横向协作的日用消费品制造商的研究项目显示，两家制造商 80% 的交货地点是相同的。荷兰一所大学进行的一个研究项目显示，共同装运可以节省 31% 的成本。

横向协作不仅有利于仓储和运输业务，还可以降低运输保本所需的最小起运量，提高交付频率，从而提高运输服务质量。托运人不必过分权衡增加托运次数所带来的好处与调度半空车辆所产生的成本。通过与合作伙伴共同装运，承运商可以轻松地达到车辆运输保本点。

就利润底线而言，横向协作让托运人可以在运费谈判中获得优势。合并发货量可以保证中小型制造商与规模较大的竞争对手在相同的基础条件下进行市场竞争。

横向协作还可以通过以下方式带来不可小觑的环境效益：

- 优化车辆部署以减少交通拥堵；
- 通过共同装运形成负载单元，进而实现单元化运输；
- 促进形成可持续的配送网络和伙伴关系；
- 减少浪费；
- 促进和巩固收益。

横向协作并不适用于所有的公司。有些企业文化明显会阻碍公司与其竞争对手协作。此外，打算开展横向协作的公司还需要满足一系列的先决条件。例如，如果开展横向协作的两家公司的产品和配送模式相似，协作将取得最佳效果。产品本身不需要完全相同，但如果处理特性、生命周期、存货速率和季节性及环境控制和安全要求都很相似，则肯定有助于促成协作。此外，相似的配送区域分布模式肯定有助于节省成本。

协作的障碍

首先，在实践中达成协作并不容易。例如，找到合适的合作伙伴有一定的难度。针对这种情况，一些跨行业的论坛积极地促进制造商、咨询公司与物流服务提供商接洽、讨论和配对。

另一个问题是要找到一个独立运营的合作伙伴，以推动者的身份促进协作。这个角色通常由第三方物流（Third-Party Logistics，3PL）或咨询公司承担，其工作内容包括推广理念、确定合作伙伴、量化收益、管理数据（出于保密及运营方面的原因）和运营好自身。事实上，如果竞争对手之间开展协作，就有可能触及反垄断法。在这种情况下，第三方所扮演的信息隔离墙的角色就显得尤为重要了。

其次，维持长期的协作关系并不容易。开展横向协作的两家公司需要在投资和回报上保持公平的分配原则，而这可能是许多公司无法长期维持协作关系的原因。

虽然横向协作被认为是一项“以降低成本为目的”的举措，但根据协作关系的复杂程度，协作双方很可能需要进行前期投资。例如，协作双方可能需要在信息和通信技术方面进行投资以实现数据共享。

最后，如果一家公司将其供应链视为其竞争优势，那么最好不要与竞争对手开展该领域的协作。横向协作可以给公司带来好处，但也会使公司的既有优势受到威胁。在节省成本的同时，这家公司可能也提高了竞争对手侵占市场的速度与力度、改善了其客户服务水平和库存水平。在这种情况下，公司最好选择与其互补的制造商协作。

创新的融合：实体互联网

一些学者坚持认为，只有设计一个全新的系统，充分发挥新技术和新组织结构（和文化）的作用，才能给供应链和物流行业及更广泛的经济领域创造最大的价值。

一份为国际运输论坛撰写的讨论文件将PI描述为“致力于将各类创新整合成一个单一的物流系统的综合化的愿景”。这个概念是由美国的伯努瓦·蒙特勒伊（Benoit Montreuil）教授于2005年提出的，并得到了欧洲物流协同创新联盟（Alliance for Logistics Innovation through Collaboration in Europe，ALICE）的支持。

“在系统层面上重构整个物流行业”无疑是一个大胆的设想。2017年，在PI大会的主题演讲中，蒙特勒伊教授将PI描述为“通过标准化封装、模块化、协议和接口实现无缝、开放的资产共享及业务流程整合的超连接全球物流系统”。

PI的基本目标是使物流网络像数字世界的网络一样高效。但是，要想实现这一点，必须对已经存在了几个世纪的既有系统进行彻底的改造。

蒙特勒伊教授认为，这个行业将从一个可以被描述为碎片化或原子化的行业，发展成一个高度整合的、充分协作的行业，最终发展成一个“超连接”的行业。

运输与交付

最大的变化或许会发生在配送结构上。PI的支持者认为私有网络、枢纽和运输车队天生效率低下。为了在效率上实现一步到位的改变，物流公司应该向竞争对手开放其网络，允许跨资产、IT平台和仓储的共享互通。

枢纽将变得像港口一样开放，可以处理来自众多航运公司、货运代理或其他货主的集装箱。这些集装箱被不断地交叉转运，不会长期存放，进而精简了整条供应链。持续的长途运输将会减少，因为每批货物会被放在一个区域枢纽，由另一位司机及时收取，然后交叉转运。司机的夜间休息将不再是一个问题，这将大大缩短整体的运输时间。

据估计，共享物流资产的做法最多可以节省三分之一的运输成本。此外，温室气体排放将减少大约 60%。

虽然不同区域的情况可能非常不同，但在交通拥挤、尾气排放量严重超标的城市区域，人们对更充分地利用运输资源的需求更加迫切。人们希望 PI 在这个方面发挥关键作用。

包装

有了 PI，所有的货物将以标准化、模块化的集装箱形式储存和运输。根据蒙特勒伊教授的说法，这有点像“乐高积木与俄罗斯套娃的结合体”。换言之，小的容器可以有效地合并成大的容器，以减少空间浪费。

这些模块化的容器将是智能、可重复使用、可回收且绝对安全的。与航运业一样，这些标准集装箱可以使货物更快地通过仓库和运输枢纽，并提供单件货物级别的可见性与可跟踪性。PI 本身并不处理单件货物的运输，它只处理储存货物的集装箱，这与现代港口十分相似。

该观点的支持者认为，这是共享经济发展的必由之路，Flexe 公司的创新就是最好的例证（详见第 10 章）。亚马逊通过亚马逊配送服务（Fulfilled by Amazon，FBA）向第三方零售商开放了配送中心，这在一定程度上已经创建了一个“超连接”的物流网络。

然而，在 PI 成为现实之前，关键挑战是用事实向托运人和物流公司证明：

- 从投资回报的角度来看，共享网络及资产可以带来收益；
- 所有产品的集装箱化可以提高空间利用率，而非造成空间浪费；
- 促进数据共享的技术是存在的，或即将出现；
- 从运营层面来看，这些流程是可行的。

此外，还有一些企业文化方面的障碍可能会阻止企业放弃所谓的“竞争优势”。敦豪速递（DHL）会愿意运送联合包裹（UPS）或联邦快递

（FedEx）的包裹吗？这或许会成为最大的障碍。就连那些提倡 PI 的人，也不相信它马上就会变成现实，他们将 2050 年定为 PI 有望成为现实的一年。

总结

第四次工业革命在数字、实体和组织层面带来了一系列的创新。尽管供应链和物流行业在组织和运营层面效率不佳，但该行业存在极大的转型潜力。有时候，某些创新会在供应链的某个特定环节（如仓储）创造价值；而有些创新的应用范围则广泛得多，如 IoT 和区块链。创新的成功可以用不同的标准来衡量：

- 带来了新的商业机会，创造了新的市场或客户价值；
- 提高了运营效率，降低了成本，同时提高了服务质量；
- 减少了对环境的影响，例如，减少了温室气体的排放。

对管理者来说，要想在一个不断变化的市场环境中为公司描绘出一个令人振奋的愿景，就必须谙熟实体世界和数字世界之间的联系，密切关注创新机会。大部分价值将会在这些创新汇聚之处被创造出来，因此，PI 确实是一个雄心勃勃的倡议。

THE LOGISTICS AND SUPPLY CHAIN INNOVATION HANDBOOK

Disruptive Technologies and New Business Models

第 2 章

打破定式：颠覆者的崛起

本章将介绍：

- 创新是如何颠覆诸多行业和企业的；
- 创新可以杜绝供应链中哪些类型的浪费；
- 物流行业产生浪费的原因及相应的创新；
- 创新者识别商业需求时面临哪些困难；
- 创新如何通过消除供应链中的浪费来释放价值；
- 成功创新者的关键特质。

如何成为成功的创新者：解决供应链效率低下的问题

判断供应链和物流行业中数千家新成立的企业哪些会成功、哪些会失败绝非易事。创新者必须具备许多关键品质。成功的基础之一是创新者必须有针对性地解决一个行业问题。一旦该问题得到解决，对创新者而言，这就是胜券在握了。

在某些情况下（下文将展开讨论），创新会大幅度地提升效率，例如，更快地完成任务或占用更少的资源。在另一些情况下，创新也可能会催生一种全新的运营模式，打破既有体系并影响行业生态中的企业。用艾伦·布雷斯韦特（Alan Braithwaite）和马丁·克里斯多夫（Martin Christopher）的话来说，就是“打破定式”。

本章将探讨不同类型的创新及其试图解决的问题，同时还将关注一个重要问题——创新者（和潜在投资者）很难确保新产品或新服务有相应的市场，原因在于难以准确衡量供应链和物流行业中的浪费。许多创新企业已经发现了这一点，并且已经为此付出了代价，正如近期倒闭的 Shyp 公司。

供应链浪费的类型

创新者的目标是解决供应链效率低下或浪费的问题。在精益供应链语境中，浪费被定义为任何不能给客户带来实际价值的东西，换句话说，浪费是与必要的消费或支出相悖的无用的部分。日语中的“無駄”（Muda）一词就是指这种浪费。虽然本章的目的并不是讨论消除流程中的浪费的最佳方式，但创新者必须理解、明确问题并将其量化，只有这样，他们的产品、新商业模型、服务或技术才有可能解决这些问题。

这些浪费可以分为以下几类。

- 生产过剩：生产过多的产品或产品库存过多（对零售商来说）的情况容易发生在预测值超出实际需求量时。从客户到制造商的信息流在供应链中极其重要。
- 时间/库存利用率不高：如何压缩供应链？长期以来，释放积压在库存中的资金一直是制造商和零售商供应链战略的主要目标。减少在途时间则是物流行业最关注的核心问题之一。
- 生产力低下：组织如何才能提高生产力？在仓库中，可以通过使用与入库或拣选相关的技术（如AR眼镜）或用自动化设备取代工人的方式来实现。
- 市场信息不完整：在运输环节，当托运人无法充分接触物流服务提供商以构建一个竞争性市场时，就会产生浪费。这可能是因为它们被收取的费用超过合理水平，或者它们没有找到速度最快或最合适的委托对象。物流服务提供商也可能并未有效地利用其车辆上的可用空间，进而产生了浪费。
- 低效的空间管理：这种浪费可能与车辆、集装箱或辅助设备不够理想有关，也可能与仓库的空间利用率不高有关。
- 不合理的操作：无意义的工作，例如，打电话给许多航运公司或货运代理公司咨询报价，或者将数据重新录入贸易和海关文件。这些工作不仅耗时，而且有出错的风险。云计算或区块链等数字技术创新可以解决这些问题。

- 市场监管的阻碍：运输业有严格的监管措施，有些是定量的，但大多数是定性的。例如，经营者的数量虽然不像50年前那样受到限制，但世界上大多数国家都对该行业设置了最低门槛。如果安全担忧被夸大，就可能会阻碍创新的落地（如自动驾驶汽车或无人机）。另外一个例子是关于沿海贸易的规定，欧洲道路货运业被迫放弃更高的运力利用率，不得不以次优方式开展经营。
- 不必要的运输：货物的运输成本被认为是一种无法避免的浪费。毕竟，企业必须把产品推向市场。不过，针对供应链流程中的这个环节的管理方法有高效和低效之分，其中一些方法产生的浪费明显更多。集装箱化、轴辐式网络和直接面向消费者的模式都在运输成本与运输时间之间达成了某种平衡。不过，3D打印有可能会消除大部分的运输需求。

上述各种浪费中的一部分可以通过规划和有效管理来应对，并不需要创新。有些创新可以通过为管理者提供新工具来提高效率，也有一些创新可以带来运营和商业模式的彻底转变，但创新所带来的效率提升并不一定会颠覆整个行业或企业。图2.1说明了前两个步骤通常是紧密联系的，而第三个步骤（即颠覆）则是有所不同的。

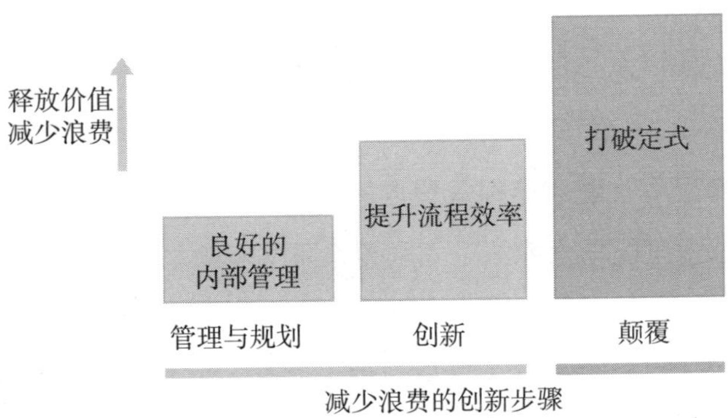

图2.1　流程的效率与颠覆

对高级管理人员来说，为那些意在颠覆既有商业模式的创意提供必要的内部支持通常是极其困难的。因此，颠覆者往往来自企业或者行业之外，他们不愿意维持现状。

解决效率低下的问题

表 2.1 列出了物流行业中五个不同的领域，分别是空运、仓储、道路货运、货运代理和航运。每个领域中的多个环节都存在多种浪费（实际上可能更多）。针对表中的每种情况，都存在相应的创新，旨在解决效率低下的问题。最后一列显示了结果：要么提升价值，要么减少浪费（有时两者兼而有之）。

表 2.1　造成浪费的原因与物流行业的创新

领域	造成浪费的原因	创新	释放价值或减少浪费
航空货运	• 重复录入数据 • 纸质文档	• 数字化 • 云计算 • 数据标准化	• 数据的可见性与即时访问 • 绩效提升 • 处理成本降低 • 等候时间缩短
仓储	• 需求的高峰与低谷 • 劳动力短缺 • 入库与拣选错误 • 工作场所的事故	• 自动化 • 协作机器人 • AR 眼镜 • 无人机	• 仓库工人减少 • 生产力提高——拣选准确率达 100% • 培训成本降低 • 事故减少
道路货运	• 运力不足 • 交通拥堵 • 次优路线 • 等待时间 • 路线及派送限制 • 车辆效率低下 • 次优的司机行为	• 数字交易平台 • 开放数据 • 动态路线规划系统 • 电动或氢燃料汽车 • 自动驾驶设备 • 自动跟车 • IoT 传感器技术	• 卡车减少 • 生产力提高 • 汽车尾气排放减少 • 市内配送更高效 • 燃料成本降低 • 有效的驾驶员再培训 • 维护成本降低，故障减少
货运代理	• 海关延迟 • 报价延迟 • 文档重新录入和错误 • 缺乏贸易融资渠道	• 单窗口报关手续 • 电子关税 • 按需报价 • 文档数字化 • 国际运输管理系统 • 区块链	• 清关更快速 • 延缓运输速度的机构减少 • 腐败减少 • 速度更快 • 可见性更高 • 中小企业可以更好地获得贸易融资

（续表）

领域	造成浪费的原因	创新	释放价值或减少浪费
航运	• 超载与集装箱申报错误 • 港口短驳延误 • 网络低效 • 积载管理	• 数字化的皮重数据库 • 短驳优步化 • 算法驱动的网络设计 • 积载计划与集装箱管理软件	• 超载风险降低 • 集装箱通过港口速度加快 • 燃油消耗减少 • 资产利用率提高

浪费的量化

除了找出物流行业中效率低下的各个环节，我们还要量化浪费的程度，进而评估是否存在一个潜在市场可供创新者施展拳脚。道路货运业就是一个很好的例子。

从理论上来讲，我们可以很容易地量化道路货运业中一个方面的浪费，即未被充分利用的运力。许多统计机构已经公布了这个方面的数据，尤其因为不必要的道路运输所产生的排放对环境造成了有害影响。欧盟委员会有一个被广泛引用的数据，即车辆空驶率是26%。然而，这个数据只说明了一部分原因，因为它没有考虑装载不足，而装载不足在判断车辆利用率方面可能更加重要。英国政府公布了与平均装载率相关的唯一统计指标，该指标为60%。我们根据这一指标初步得出这样的结论：车辆的有效载荷有提高40%的潜力。

因此，一项能够更有效地匹配托运人与承运商的创新可以做到下列事项：

- 减少运送相同数量货物所需的卡车数量；
- 更容易达到盈亏平衡点，从而增强承运商的盈利能力；
- 提高行业的整体效率；
- 降低托运人支付的运费；
- 减少每运输一吨货物所产生的排放量。

这个思路催生了许多货运交易平台。然而，现实情况要复杂得多，这解释了为什么数字货运交易平台没有想象中的那么成功，尽管它能让装载量变得更加透明。

图 2.2 对此进行了说明，解释了卡车无法满载的诸多原因。例如，在日用消费品领域，“体积透支”是一个十分麻烦的问题。抛货（体积大而重量轻的货物）的包装可能会使卡车在达到重量限制之前就已经到达了装载极限。因此，数字货运交易平台试图渗透的那部分市场实际上并没有那么大。图 2.2 中的百分比纯属假设，因为我们不可能确定哪些浪费是必要的，哪些不是。然而，它们却说明了数字货运交易平台所面临的问题，即它们追逐的市场可能并没有想象中的那么大。

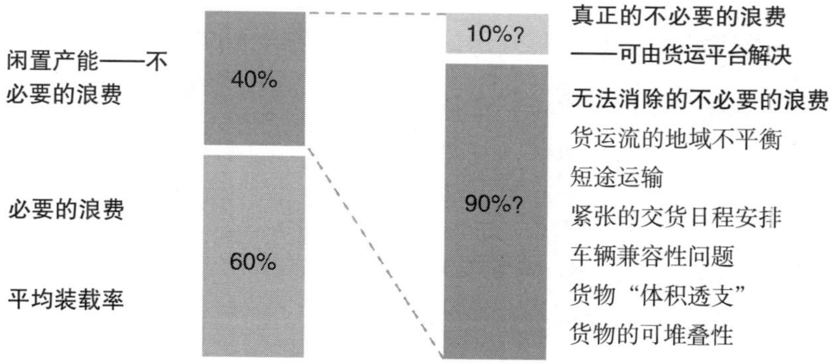

图 2.2　道路货运业中可能存在的浪费

关于颠覆的 4D

有很多著作介绍了颠覆性技术及其对社会和经济的影响。彼得·戴曼迪斯（Peter Diamandis）和史蒂文·科特勒（Steven Kotler）在 2016 年合著的《创业无畏》（*Bold*）就是这样一本书，它探讨了颠覆过程的各个阶段。虽然这些阶段并不都适用于对基于实物流程（如货物移动）的商业模式的颠覆过程，但其中的论点在某些方面仍然颇具说服力，它们提供了一个有用的分析框架。

颠覆过程的第一个阶段是行业各个方面的数字化（Digitization）。我们很容易联想到数字化对摄影器材等行业产生的影响（例如，柯达公司的破产已经尽人皆知），但数字化对运输和物流行业的部分领域也产生了同样巨大的影响。最明显的例子是信件的电子化，电子邮件减少了通过邮局和快递公司发送的文件数量。

就物流行业而言，这并不是数字化革命最重要的方面。更具变革性的是各类文件的数字化，这些文件记录了货物储存和运输过程的元数据。纸质单据仍然存在（如交货通知单或空运提单），但没有理由不把这些单据数字化，况且绝大部分单据已经被数字化了。

这意味着数据可以被更高效地访问，并以前所未有的方式加以使用，不仅便利了物流运作，而且可以极大地提高供应链的可见性。虽然大多数公司都有能力获取大量数据，但它们不知道如何利用这些数据。即使它们能高效地挖掘这种大数据资源，但大部分时候只把它用来提高既有运营流程的效率。不过，好消息是，对一些更具智慧的经营者来说，这是一个取代过时的、低效的商业模式的好机会。

这就引出了颠覆过程的第二个阶段——破坏（Disruption）。在道路货运业中，主要的问题之一是市场效率低下（正如前文所述）。造成该问题的部分原因在于，该行业实际上是由一个个具备联合运输能力的私人车队构成的。这些运输资源的分配方式取决于每家承运商对需求（即装载量）的考量。显然，它们还要考虑质量、属性（如温度、是否散装等）、时间和位置及价格。不过，这些都是次要因素。如果承运商一开始就无法获得市场需求信息，那么这些因素根本不值一提。

这种效率低下的状况是根深蒂固的，因为每家承运商都认为运载能力才是其核心竞争力。更糟糕的是，许多托运人同样不愿意让其他公司共享承运商，更不用说竞争对手了。这种安于既得利益、效率和数据利用率都很低下的现状，恰恰说明颠覆运输业的时机已经成熟。

提供一个更完善的市场，开发能够有效地匹配供需关系的平台，可以创造巨大的价值。目前，这些价值都是未被挖掘的。尚不确定的是，实现这一切的手段到底是让既有企业提供额外的装载量，还是采取影响更深远的举措，例如，消除该行业的中介职能，让托运人直接与私营司机交易。这还可以通过行业的消费化转型来实现，即允许个人在上班途中投递包裹来获得额外的收入，甚至可以使用公共交通工具。无论采取何种形式，在既有条件下，重大转变都会不可避免地发生。

颠覆过程的第三个阶段（对承运商来说，这是最令人担忧的阶段）是非货币化（Demonetization）。以柯达公司为例，在这个阶段，消费者不再购买其胶片产品，转而购买新的数码相机。运输业也会发生类似的事情吗？联合包裹、联邦快递和敦豪速递等行业巨头会步柯达公司的后尘吗？这看起来很不可能发生，因为不像相机业经历了一个额外的非货币化阶段，实物产品仍然需要运送到各地市场。当然，除非3D打印完全消除了人们对运输的需求。

大中型承运商仍然存在相当大的风险。如果颠覆性技术的提供商能够让托运人直接联系每个国家都大量存在的私营司机，它们将从低成本的运输服务中受益。私营司机不需要维护IT系统或缴纳社会养老保险，也没有品牌需要维护，不需要支付庞大的总部管理费用。实际上，这些资金都是通过“高于实际所需”的费用标准，由客户间接支付的。一些最大的托运人已经开始直接与“地头蛇”打交道，而不是区域或全球物流服务提供商，旨在将其物流业务去中介化。颠覆性技术将使它们更好地了解市场，并充分发挥其潜能。

迪亚曼蒂斯和科特勒所说的最后一个D是指民主化（Democratization）。

可以说，物流行业已经变得高度自由，市场的进入和退出壁垒已经很低。建立一家物流公司所需要的只是一笔相对较少的钱，用来购买或租赁一辆卡车。相比之下，要想建立一家工厂来生产相机胶片，就需要在生产设施和品牌营销上大量投资。然而，颠覆可能进一步降低物流行业的壁垒，使每个国家的供应方的规模从几千个运输实体扩大为数百万名个人。这些个人使用自己的交通工具或公共交通完成物流过程。可以预见的是，该行业的部分领域（尤其是邮件和快递）会不可避免地发生重大转变（详见第 11 章）。

随着微型企业和个人的崛起，跨国巨型物流公司的商业模式受到侵蚀，这是否意味着它们的末日即将来临？不一定。虽然很有可能一些公司会因为不愿或不能适应新环境而成为市场转型过程中的牺牲品，但另一些公司会设法利用新技术化弊为利，顺应市场趋势，同步发展。当然，并非每一家初创企业都会成功，很多企业（即使不是大多数）将会失败。

因此，物流行业中的巨头不应该将每一个新的“颠覆者”都视为威胁。行业中最聪明的企业往往是那些能够拥抱新技术的大公司，尽管做出这样的决策并不容易，这需要高质量和有创造力的 IT 专业人员。然而，与此同时，许多大公司所表现出来的规模和惯性说明它们必将面临来自新兴初创企业的挑战，无论它们在内部创建了多少创新小组或开发部门。

颠覆释放的价值

如果只在某个领域内部寻找效率低下的环节，则很可能会忽视通过拆解和重建系统来释放更大价值的潜力。第 3 章以航运业的集装箱化为例，分析了航运供应链中存在的各种浪费。造成这种情况的因素包括政府对航线和费率的监管、自动化方面的投资不足、漫长的等待时间、盗窃和腐败及频繁的小型船舶调度。作为颠覆者，集装箱化极其成功，虽然它并没有大幅度减少既有流程中的浪费，但它引发了整个海上供应链的战略转型。集装箱化并没有使纽约和伦敦的港口变得越来越高效，事实恰恰相反。但是，它催生了一个全新的巨型港口网络的设计和发展，并进一步推动了世界经济的全球化。

创新可以在不同的层级上促进三种不同类型的颠覆，这些层级包括：

- 流程；
- 运营模式；
- 领域；
- 企业。

仓储领域就是一个很好的例子（见图 2.3），后文将详细阐述。

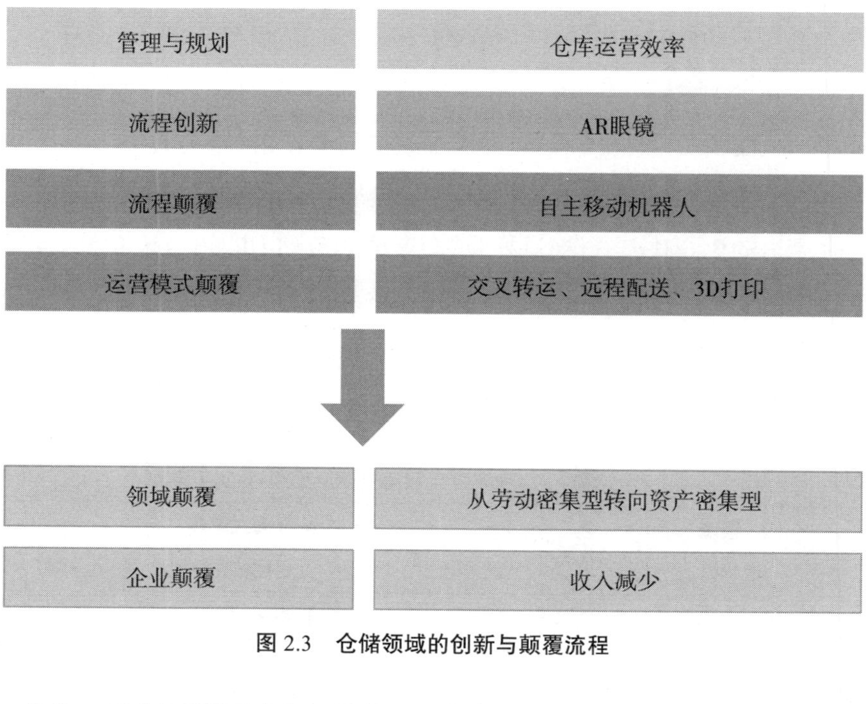

图 2.3 仓储领域的创新与颠覆流程

首先，我们可以通过良好的管理和规划来解决效率低下的问题。具体的举措包括提供更好的劳动力培训、灵活地使用兼职员工、投资于仓库管理系统（Warehouse Management System，WMS）、优化库存摆放等。

正如前文已经讨论过的，接下来是流程创新，即运用新技术解决效率低下的问题。AR 眼镜就是一个例子。它们不仅能引导工人到正确的拣选位置以节省时间、提高拣选效率，而且能检查正在拣选的货物、减少错误。这意味着流程变得更高效了，但是这个流程在本质上是不变的。

与之形成鲜明对比的是自主移动机器人（Autonomous Mobile Robot，AMR）之类的创新。例如，亚马逊或阿里巴巴所使用的机器人将待拣选的货物直接送到工人面前，这带来了流程颠覆。以前，工人每天要沿着通道走上好几公里，现在他们被淘汰了。

下一步是运营模式颠覆。这样的例子有交叉转运（即货物不预先存放在仓库里，而是被拆零，与其他货物一起直接发出）和远程配送（即完全没有仓库，直接将货物从一个港口送到客户的场所）。最终，像 3D 打印这样的技术可以完全消除储存货物的需求。维修等部门的工程师可以根据需要打印零部件，从而改变全球、国家、地区和当地的库存状况。

客户需求的变化会对物流行业产生重大影响，包括领域层面和企业层面。仓库自动化意味着仓储领域将从高度依赖劳动力的领域转变为专注于资产（即机器人）的领域。这将引起管理技能和财务结构的重大变化。随着仓储成本的大幅下降，物流公司必须做好收入大幅减少的准备。

表 2.2 展示了过去 70 年里物流行业发生的最重要的一些运营模式颠覆。

表 2.2　物流行业的运营模式颠覆

领域	运营模式颠覆
散货航运	集装箱化
道路货运	快递网络（轴辐式） 托盘网络
航空货运	国际快递（集成商）
仓储与配送	电子商务物流 直接交付或交叉转运 机器人

（续表）

领域	运营模式颠覆
供应链技术	区块链 云计算
快递	B2C 电子商务最后一公里交付
货运代理	数字货运平台

另一个颠覆的例子发生在道路货运领域。长期以来，运输管理系统（Transportation Management System，TMS）使既有的道路货运业务在路线选择和装载方面大大提高了效率。但是，更具战略重要性的是 20 世纪 80 年代在道路货运和快递业发展起来的轴辐式网络的出现。这些创新具有高度的颠覆性，因为它们能够在降低成本和提高运力利用率的同时实现货物的快速交付，这促进了新一代道路货运和卡车运输公司的兴起。

总之，基于既有运营体系的创新可以用来优化流程。这在供应链和物流行业的发展中起到了重要但非决定性的作用。优化永远不会带来航运业的系统性转型，也无法创造国际快递业或托盘网络。这些颠覆都是由希望打破既有模式的公司和个人发起的。

区分创新者与颠覆者

区分创新者与颠覆者是很有必要的。如前文所述，一些公司已经开发了使物流过程变得更简捷的产品，从而在不改变行业或领域结构，对既有市场参与者不产生负面影响的前提下，使供应链中的各方均受益。例如，科技公司 Freightos 已经创建了一个数字运输费率平台，它可以大大缩短获取报价所花费的时间，使托运人和货运代理两方都得到实惠，它们可以将该服务集成在自己的产品中。该平台为消除不必要的浪费提供了一种方法，同时又不会从根本上改变货运代理业的既有格局。

与之形成鲜明对比的是，Flexport 进入市场时使用的新技术使它能够向全球托运人提供令人心动的方案，并从既有承运商手中夺取市场份额。它与全球最大的货运代理展开正面交锋，使这些公司遭受了收入损失。

当然，亚马逊是最成功的颠覆者。它的新型商业模式对零售业、云计算、配送和最后一公里交付产生了巨大的影响。亚马逊对航空货运、货运代理和其他关键领域的影响还有待观察。

表 2.3 列出了一些按照这个标准分类的公司。

表 2.3　创新者与颠覆者

创新者		颠覆者	
Freightos	数字货运平台	Flexport	数字货运代理
Fleet	数字货运平台	亚马逊	电子商务物流
IContainers	数字货运平台	Rethink Robotics	协作机器人
Cargobase	数字货运平台	Starship Technologies	自动驾驶机器人
Elementum	供应链运营网络	FreightHub	数字货运代理
Atheer	用于仓库的 AR 技术	Convoy	按需卡车运输服务
Ubimax	用于仓库的 AR 技术	Drive	无人驾驶技术
Project44	应用程序接口开发商	Deliv	按需交付
SeeGrid	叉车自动化	Uber Freight	按需交付
E2Open	基于云的供应链管理	Fast Radius	3D 打印

航空货运代理业的去中介化

颠覆的一个重要元素是去中介化。正如布雷斯韦特和克里斯多夫教授于2015年出版的《商业运营模式》(*Business Operations Models*)一书所说，“设计颠覆性商业运营模式通常意味着将既有的低效渠道去中介化，并与客户建立新的、响应速度更快的关系”。多年来，航空货运代理的作用一直受到质疑。有人认为，货运代理应该退出航空货运市场，由托运人与航空货运公司直接合作。20 世纪 90 年代，荷兰皇家航空公司试图与托运人（如高科技制造商飞利浦）直接建立关系，但遇到了来自大型货运代理的强大阻力。如果竞争对手（也就是其他航空公司）不愿意像荷兰皇家航空公司一样改变自己的商业模式，荷兰皇家航空公司就会损失惨重。然而，时代和技术都在进步，今天的货运代理还有未来吗？

答案是有。一般情况下，旅行社承担了帮助游客争取最优价格的任务。假如游客不愿自己订购廉价航空公司的机票，旅行社可以通过多个订票平台，高效地协助游客选择机票。乘客只需确保准时抵达航站楼，并带上护照或身份证明。

这与货运的复杂性不可同日而语，找到有竞争力的价格只是整个流程的一小部分，而且这个过程会变得越来越自动化。除了找到最佳运输路线，货运代理还要确保每单国际货物都符合一整套的监管要求，从植物检疫证书到原产地证书，再到涉及航空货运安全、关税和关税申报义务、信用证、保险和风险的一系列文件，还得为这些文件的真实性负责。此外，货运代理还要安排收货，并与目的地的代理商联络，完成最终的交货。

总之，国际货运的许多流程都可能会改变，趋向于更加高效便捷，这将带来以下收益：

- 托运人可以通过新的费率平台获得更多的市场信息，费率将会下降；
- 托运人可以更快（或即时）地获取费率信息，前后的差别大到数秒之于数天的程度；
- 区块链将使机场作业造成的延误大大减少；
- 区块链将使智能合约成为标准，货物交付完毕之时即可自动付款。

然而，该行业似乎不太可能发生彻底的转型，至少对其中很大一部分业务而言。由于这一流程的复杂性，在未来的许多年中，对货运代理的需求仍将存在。事实上，除此之外，货运代理能充分地了解客户的价值链，并帮助它们重组价值链，进而释放更多的价值。

如何发现一个成功的创新者

银行、风险投资人、私募基金、对冲基金和投资基金花了大量的时间（当然，还有金钱）试图找出哪家初创企业会成功，哪家可能会一败涂地。

尽管这很困难，但确实有一些指标可以用来判断初创企业是否有机会获得成功。

1. 该企业正在解决一个行业问题（如效率低下），如果解决了，就能创造价值（至少给自己创造一些价值）。

2. 既有市场参与者未能解决该问题。

3. 市场足够大，可以支持这种新的商业模式。

4. 产品或解决方案有潜在的可扩展性。

5. 该企业解决了监管问题。

6. 该解决方案可能是有悖常识的，但它利用了其他领域的技术，或者以独特的方式集成既有技术。

7. 其产品与其他企业的产品存在较大的差异性。

8. 该企业有一位坚定的创始人和一支强大的管理团队。

9. 已经有客户在测试这个概念或设想（即使没有付费）。

10. 该企业拥有充足的资金，这对与既有企业和其他初创企业在规模上展开竞争非常重要。

11. 该解决方案在现实中具备可行性（尤其是涉及运输实物产品时）。

12. 该企业可以进行高效的公关和市场营销。

在某种程度上，部分指标是可以量化的。例如，我们可以判断市场空间有多大，并识别哪些客户需求已经由既有企业满足了，哪些则被忽视了。换句话说，投资者可以通过一组量化指标来评估一家初创企业的发展前景。然而，我们很容易误读数据和市场机会，后文的案例研究 2.1 说明了这一点。

此外，上面列出的很多指标虽然非常重要，但难以量化。例如，不管产品有多好，如果没有强有力且有远见的管理和灵活的公关，就不能保证成功。尽管每个投资者都会考量不同的方面，但都可以使用加权记分卡，表 2.4 提供了一个模板。

表 2.4　用于评价初创企业的加权记分卡

成功指标	分数（0~10 分）	权重（总和为 100%）	加权分数（得分 × 权重）
效率提升程度或所解决问题的重要性			
竞争强度			
潜在的市场规模			
解决方案或产品的可扩展性			
合规性			
创新程度和独特性			
产品的差异性			
管理团队的能力			
已有的客户			
资金充足程度			
实际测试			
公关和营销团队的能力			
总计		100%	

为何“优秀”的初创企业也会失败

即便采用这种系统的方法来评估初创企业的发展前景，仍有不少企业最终失败了。这是因为，它们提供的解决方案没有获得客户的认可，或者客户不愿意为此付费，或者它们从一开始就没有理解问题背后的根本原因。案例研究 2.1 描述了这种情况。

案例研究 2.1

Palleter

前 Skype 创始人马特·凯德尔（Märt Kelder）创办的 Palleter 致力于创建一个道路货运平台来改变欧洲货运市场。该公司声称，该平台将更好地匹配供需双方。因为一个令人信服的商业案例，该公司非常顺利地筹集到了启动资金。

- 管理层认为，其解决方案将解决欧洲道路货运业效率低下的问题。他们使用了欧盟统计局（Eurostat）的数据来支持该商业案例。
- 该公司开发了一套智能化系统，该系统可以将车队 GPS 遥测服务提供商与托运人的运费报价联系起来。
- 承运商与系统之间的集成非常快速（据称“不到 3 分钟”）。
- 该模式将取代点对点的通信机制。
- 托运人与承运商的交易将在平台上进行。

然而，Palleter 在成立一年半后，于 2017 年停止运营并向投资者返还资金。为什么？尽管这一看似灵巧的解决方案在宏观层面解决了一个重要的行业问题，但运营和技术层面的问题并没有得到解决。凯德尔总结了以下失败原因。

技术层面的原因如下：

- 很多公司不愿意花费金钱和时间从既有系统中提取重要数据；
- IT 部门关注的是继续维持既有系统的运行，而不是另起炉灶；
- 没有客户愿意冒险用新的运营平台取代既有系统；
- 供应合作伙伴之间数据共享的复杂性被低估了。

运营层面的原因如下：

- 事实上，卡车上所谓的“大量闲置运力”是无法得到利用的；
- 由于既有客户做出的时间限制，即使是短途运输，很多公司也不愿意改变运输路线；
- 该平台需要得到既有道路货运公司的配合，需要它们转变观念；
- 该系统的报价通常高于使用轴辐式网络的传统承运商的报价。

尽管发现了问题，但Palleter的解决方案只解决了部分难题。它的解决方案没有考虑用户的实际成本，也没有考虑基层反对变革的呼声。

初创企业的价值比率：价值比率对创新者的意义

为了更详细地阐述Palleter的内在问题，我们可以使用布雷斯韦特和克里斯多夫教授的著作《商业运营模式》中介绍的价值比率（Value Ratio），进而回答这样一个问题：这个解决方案是否为承运商和托运人都提供了令人满意的价值？

初创企业的价值 = 感知到的收益 / 总成本：

在Palleter案例中：

感知到的收益 = 承运商增加的收入与托运人节省的运费

总成本 = 服务费用（根据Palleter的估计，可以忽略不计）

然而，Palleter的错误在于低估了承运商和托运人的有形成本和无形成本。实际上，总成本应该包括：

- 对承运商和托运人的技术系统及管理方式进行变更的成本；
- 无形成本，如改变运营模式（以及不愿意采用新的运营模式）所产生的成本；
- 卡车改变运输路线所花费的时间。

其结果是：

- 吸引不到足够的承运商以构建竞争性市场；
- 吸引不到足够的托运人来提供保证市场正常运行所需的业务量；
- 每托盘的运输价格高于公开市场中的价格；
- 在运输效率较低的领域，既有承运商在价格上更有竞争力。

总结

创新有很多种，正如我们所看到的，其中一些提高了流程效率，其他的则通过颠覆整个商业模式或现有市场创造了更大的价值。并不是只有小型初创企业才能创新，许多既有的大型企业都非常成功地利用自己的技术和人才资源，持续地满足了市场和客户不断变化的需求。然而，小公司可以更有弹性地承担风险，在开发新产品和新服务时也可以更加灵活变通。小公司常常由本在行业之外的人领导，他们能提供新的视角和思维。尽管如此，正如最近倒闭的按需交付公司 Shyp 所表明的那样，并不是所有的创新者和颠覆者都会成功，不管它们有多么强大的后盾。创新本身就充满了风险，尤其是在难以判断市场机会有多大的情况下。

THE LOGISTICS AND SUPPLY CHAIN INNOVATION HANDBOOK

Disruptive Technologies and New Business Models

第 3 章

历史的教训：今天的颠覆者可以从航运业的集装箱化中学到什么

本章将介绍：

- 航运业严重的效率低下导致了颠覆；
- 集装箱化先驱者所面临的挑战；
- 技术、社会、法律和政治障碍阻碍了行业变革；
- 既有市场参与者的反对声音；
- 集装箱化及其推动的全球化所带来的经济效益；
- 当今的创新者应该吸取的教训。

就供应链和物流行业的创新而言，集装箱的引入对行业和全球经济的影响可能是无与伦比的。它降低了运输成本，使零售商和制造商能够在偏远地区获得低成本的产品和劳动力，进而引发了供应链运行方式的革命。

新技术的采用并不像许多人设想的那样迅速且一帆风顺。几十年来，许多企业一直在尝试单元化运输，但直到20世纪50年代，集装箱化才初露锋芒。

集装箱的引入改变了整个行业。对今天的颠覆者来说，在此变革过程中的很多经验教训都值得吸取，因此，分析这一系统性变革是大有裨益的。

集装箱化的经济价值

在集装箱时代之前，装卸货船是极为耗时耗力的一个程序，效率十分低下。一般来讲，它包括以下步骤：

- 在港口卸下火车与货车上的货物；
- 在码头装卸和储存货物；
- 可能要使用驳船将货物运至码头；

- 将货物运送到船上（通过人力）；
- 开始装船。

当船靠岸时，需要完成相反的步骤。装卸货船耗时长、劳动强度大，而且往往很危险。此外，很多港口都存在腐败和货运犯罪的问题，这是全世界的通病。

政府、托运人、港口、铁路公司、卡车运输公司和航运公司并没有对其中的低效率和高成本视而不见。多年来，人们进行了多项研究，找出了产生浪费的环节。然而，正如后文将会谈到的，“筒仓心态”（即某个部门或团队不愿意与其他人分享信息的观念）是变革的强大阻力。除了托运人，该行业的参与者均与当下的变革有千丝万缕的切身利益关系。劳工组织对变革的抵制十分强烈，它们担心自动化会减少就业岗位。

可以说，托运人是物流行业中各环节之间密切关系的受害者。然而，需求的高度分散缓解了客户要求变革的压力，况且在当时还不能肯定集装箱化可以节省费用。早期迹象表明，在没有对卡车和铁路运输业进行系统性改革，没有专用的装载设备，当然也不会有集装箱船的情况下，单元化运输的成本将高于原先的散装方式。

让各个环节都参与到集装箱化这场大变革中来是一项真正的挑战，即便如此，集装箱化所产生的经济价值还是在很多年以后才得以显山露水。

回顾历史，集装箱化很明显是“全面供应链管理”的第一个实体化案例。在此之前，各个物流环节都是独立运作的，没有考虑到与其他环节的衔接。每个环节都认为自己的职责是以最高效的方式运送货物，而没有义务提升整条供应链的效率。早期集装箱化的先驱者们必须改变这种观念。

那么，为什么花了这么长的时间才开发出一个新系统呢？我们不妨回顾当初采用由集装箱化带来的新技术和新工艺时所面临的障碍，这可以为当今的颠覆者提供一个活生生的样板。

社会与政治障碍

当时，政客是运输业变革最有影响力的反对者。他们希望维持现状，这主要是因为该行业吸纳了大量的劳动力，尽管效率十分低下。

劳工组织（对政客有很大的影响）认为它们的责任是捍卫其成员的工作及就业权利。在许多港口，它们还向航运公司收取回扣，甚至垄断装卸业务。即便是支持自由市场的政客也害怕工会的力量（虽说理当如此）。在英国，工会对蒂尔伯里新集装箱码头的抵制导致伦敦失去了世界主要港口的地位。与之相反，不受工会影响的费利克斯托在短短的几年之内，从一个名不见经传的地方发展为世界上最大的港口之一。

集装箱化催生了新的、更少依赖劳动力的运营模式，却遭受了多方抵制；与之相应的是，现在的人们对正开始被部署到仓库中的自动化设备和机器人感到厌恶。北美洲和欧洲的政客们已经在讨论对机器人征税，以延缓自动化的进程。这与20世纪60年代和70年代劳工组织为保住码头工人的工作和收入而发起的运动（但最终徒劳无功）有异曲同工之处，这些运动是由许多工会共同筹划的，如美国20世纪70年代末的“经济稳定计划”。

法律障碍

在第二次世界大战结束之后，世界大部分地区的运输市场都受到严格监管。在美国，州际商务委员会（Interstate Commerce Commission，ICC）控制了大部分的货运市场，其他区域的情况也大多如此。ICC设定运费，并将运输路线分配给货运公司。ICC认为，自己的职责是维护美国运输市场的稳定。对于那些想要创新的企业，ICC设置了巨大的障碍，这些创新型企业有的想要开辟新的运输路线，有的想要运输没有许可证的产品。这使本就效率低下的货运业雪上加霜。

ICC不仅被政府用来维持市场稳定（或者阻碍创新，这取决于读者的立场），而且被行业中的各个领域用来防止竞争。例如，原先铁路公司可以质疑卡车运输公司的收费。同理，如果航运公司认为自己的盈利受到了影响，就可能对铁路公司的运行线路和服务提出抗议。

如今的监管或许不像20世纪中期那么严厉。然而，这并未阻止监管机构将目标对准优步（在伦敦被吊销牌照）和爱彼迎（在欧洲和亚洲的多个城市被禁）等创新型企业。就物流行业而言，税务当局似乎正在打击零工经济的雇佣方式，这可能会限制许多以按需服务模式提供最后一公里交付服务的企业的运营。许多城市为了净化地区环境、确保空气清洁，实施了柴油禁令，按需交付服务所带来的额外的交通流量可能会受到审查。在监管机构评估安全和隐私问题的同时，无人机的使用也受到了限制。

很多年前，监管机构被迫放弃了对物流市场的控制，因为事实最终证明，在这个领域，即便是规模最大的既有企业，也难以在这个已经僵化的体系内高效地运营。但是，种种迹象表明，对该行业的许多领域重新进行监管的呼声正在死灰复燃，这很可能会限制新一代创新者的作为。

技术障碍

在集装箱化发展过程中所涉及的技术挑战（即“硬件”层面）不应被低估。在集装箱、船舶、卡车和多式联运铁路货车，以及能够移动和装载集装箱的起重及装卸设备的设计成功之前，航运业经历了长期的不断试验和纠错的艰难过程，需要解决的问题包括：

- 箱子必须足够结实以便堆叠，但又不能太重，否则会使皮重过高而降低经济性；
- 必须要有一种快速的方法来通过起重机装卸集装箱；
- 运输系统必须标准化，以便任何卡车运输公司或铁路公司都可以运输集装箱；

- 用于将集装箱装载到船上的系统必须足够安全可靠，以保证集装箱在航行中被牢牢固定，不发生位移。

一开始，许多企业尝试了不同的系统。例如，应该部署船用起重机还是利用原先的码头起重机？使重量和体积的经济价值最大化的集装箱最佳尺寸是多少？从安全角度来考虑，一艘船上可以堆放多少个集装箱？回顾这一时期，我们在观念上很容易认为集装箱化是行业发展的必由之路，但在当时这还只是一种美好的憧憬。

所有的创新都会伴随着失败的开始。电子商务在 21 世纪初带来了互联网泡沫；射频识别（Radio Frequency Identification，RFID）标签已经存在了几十年，而低成本传感器在最近才得到了广泛使用；业界对无人机送货的兴奋正在消退；3D 打印将如何发展？在今天选出一种将在未来胜出的先进技术就像在 60 年前先驱者选择了集装箱化一样极其困难。

来自既有市场参与者的阻力

当时的大多数航运公司都对集装箱化的前景心存怀疑。航运业一直专注于船而非货物，对提高供应链效率毫无兴趣。这也许就是颠覆该行业的主要创新者之一马尔科姆·麦克莱恩（Malcom McLean）来自这个行业之外（他来自卡车运输业而不是航运业）的原因。当时的航运公司力求维持现状，保护既得利益，尽管它们承认流程效率低下。

其中一个原因是，从它们的角度来看，几乎没有什么经济理由让它们做出改变。虽然船舶会在港口停留很长时间，但这只是部分问题。如今，船舶利用率最大化是很重要的，毕竟船舶只有在海上航行才会产生回报，而停泊在港口是毫无收益的。第二次世界大战结束之后，商船数量众多且价格低廉，很多都是海军廉价出售的退役船舶。在集装箱化之前，航运业不属于资产密集型行业。装卸业也同样是轻资产行业，只使用临时劳动力，而不需要投资于装卸设备和新技术。

目前的市场参与者对变革也有抵触情绪，尽管原因不太相同。在过去的30年里，许多大型物流公司在技术系统上投入了大量资金，这些系统如今已经就位。毫无疑问，在某些层面上，所有公司都致力于把握创新带来的机遇，但改变这些老旧系统不可能一蹴而就。这为货运代理公司Flexport等颠覆者进入市场创造了有利条件。在一张白纸上画画当然更轻松且好处多多，该公司可以从零起步开发新系统，而不必在老旧的架构上修修补补。该公司很大一部分员工来自货运代理业以外，这为应对诸多挑战提供了新视角、新思路。

集装箱化带来的经济效益

在20世纪50年代，虽然由于装卸费用的降低和工时的缩短，航运货物开始单元化，但效果还不够理想。许多托运人出口或进口的小批货物装不满集装箱（现在被称为小于集装箱装载或拼箱），因此需要进行调度、合并。当然，这就需要额外的装卸作业。如今的集装箱市场由大型进口商主导，如沃尔玛（Walmart），它们的货物可以装满成千上万个集装箱，但在市场极其分散的20世纪50年代，情况并非如此。如何处理这些空集装箱也是（现在仍然是）一个问题。世界各地的贸易不平衡已经导致主要进口市场（如北美洲和欧洲）的集装箱堆积如山。只有整个体系运转起来，在其他环节创造出整体上的经济效益，这一状况才会逆转。

还有人认为（至少在开始时），集装箱化对国际航运业来说是不必要的，因为花在装卸货物上的时间占总航行时间的比例很小。当整个航程长达四到五周的时候，在港口多滞留几天根本没那么大的影响，这和短途航运相当不同。

然而，这种观念对集装箱化的潜力估计不足。很显然，航运货物可以（也将会）围绕为大型集装箱船服务的少数大型码头进行整合。支线运输服务把集装箱从较小的港口运到集散地，再进行转运。重要的是，这个新体系创造的高效率和规模经济带来了运费的大幅度下降。

今天的创新者正试图解决运输业效率低下的问题。从理论上来说，一个能更好地满足需求的技术解决方案应该能产生经济效益，正因为如此，许多货运代理、仓储和道路货运平台在过去几年取得了长足的发展。然而，与集装箱化不同的是，这一次并没有发生革命。这是为什么呢？

原因有很多，但最重要的原因或许是，尽管托运人可以利用这些平台享受更低的运费，但承运商却没有获得多少好处。此类平台的买方市场属性可能导致竞争性的运费降低。在集装箱化的过程中，航运业也出现了运费下降的情况。当时，主要的航运公司能够进行收购合并、建造更大的船以降低成本、实现规模经济，选择停靠时间更短、吞吐速度更快的少数港口以提高资产利用率。如今，在这些方面，物流行业诸多领域的类似潜力要小得多。例如，频繁和准点交付催生了对小型、低效商用车的需求，而不是大型商用车。

总结

集装箱化并非解决运输问题的终极办法。然而，它解决了供应链整体效率低下的问题，影响了如此多的利益相关者——托运人、航运公司、铁路公司、卡车运输公司、港口、码头工人、劳工组织、监管部门等，这些成了它获得大规模应用的绊脚石。但是，这些障碍物最终被可观的经济效益和市场的力量一一排除。

今天的创新者得到的历史教训是，仅仅设计一个解决方案是远远不够的，还需要理解深层次的问题和利益相关者的需求。解决方案在技术层面上具有完全的可行性并不意味着它一定会成功，创新者还必须考虑社会、政治、文化和监管因素及最基础的经济背景。创新者必须让所有的（至少是大多数的）利益相关者受益，而不是少数人。

THE LOGISTICS AND SUPPLY CHAIN INNOVATION HANDBOOK

Disruptive Technologies and New Business Models

第4章 行业案例研究：颠覆快递市场

本章将介绍：

- 快递市场是如何被新进入者颠覆的；
- 大型和小型企业正在实施的关键创新；
- 哪些潜力让优步能有效地与主要快递公司展开竞争；
- 技术创新是如何让小公司有能力与大公司展开竞争的；
- 主要快递公司在流程创新方面的举措。

一个不断发展的行业

在过去20年里，由于线上零售业的兴起，快递业经历了重大的转变。21世纪初，当线上购物还处于萌芽阶段时，人们很难确定联合包裹、联邦快递或敦豪速递等主要快递公司是否会提供送货上门服务。这在很大程度上是因为收件人不在家所造成的投递失败，以及农村地区较低的投递密度使得投递成本增加，收益难以保障。

利润率更高的B2B业务推动了该行业的创新，尤其是在2008年金融危机之前的经济繁荣时期。企业的巨额预算催生了电子交货凭证等，为供应链带来了更高的可见性。B2C送货上门公司通常是传统的家庭购物零售商的分支，当时被视为一个独立的领域。

如今，我们已经很难传达当时管理者的情绪、运营和技术侧重点的变化程度到底有多大。B2C业务已经成为各大零售企业战略思维和收入的重要组成部分。毫无疑问，为了满足线上零售客户的需求而对快递公司提出的诸多要求将在未来的很多年里继续推动该行业的变革。

快递市场发展的主要阶段

20世纪90年代以后——快递公司投资于供应链可视化技术；

1995年以后——建立区域和全球运营网络；

2005年前后——发展B2C能力；

2015年以后——调整运营模式，运用新技术，抵御市场颠覆者。

然而，在日益成熟的市场中，越来越明显的一件事是，该行业不能再以目前的方式继续运行下去了，因为投递失败造成效率低下，而B2C交付的成本也难以承受。

颠覆的起源

人们可能会认为，规模最大的快递公司，尤其是“三巨头”——联合包裹、联邦快递和敦豪速递，已经建立了完善而强大的运营体系和商业模式，其市场地位固若金汤、难以撼动。事实上，它们打造的全球网络、品牌、技术及它们的财力只是让它们看起来坚不可摧。但是，这种假设只有一部分是正确的。有四种类型的新进入者有能力与原先的市场霸主展开竞争，一决高下（无论是“三巨头”，还是全国性或区域性的快递公司）：

- 少数拥有资源和创新运营模式，能够挑战“三巨头”的大部分业务（尤其是在品牌方面）的新进入者，如亚马逊和阿里巴巴（详见第17章）；
- 能够在微观层面和细分市场展开有效竞争（如承接最后一公里交付业务）的新进入者；
- 能够提供平台，将大型快递网络去中介化，使托运人与中小型快递公司建立直接联系的创新者；

- 能够向中小型快递公司提供低成本技术，以支持其与大型快递公司竞争的创新者。

案例研究 4.1 和案例研究 4.2 介绍了两家这样的公司，其中一家公司挑战了既有包裹投递系统；另一家公司是云软件公司，该公司正在颠覆既有的第一公里和最后一公里交付服务模式。

案例研究 4.1
优步对快递业的挑战

共享经济已经成为一股颠覆性力量，它正在挑战监管部门，并深层次地影响着运输、快递、酒店等行业。物流和供应链行业要不断地变革以应对这些挑战。

许多新成立的快递公司（如 Deliv、Postmates 和 TaskRabbit）的运营模式是当日送达或本地送达。然而，人们最关注的是个人移动端 App 优步的计划。优步成立于 2009 年，在美国及其他 50 多个国家和地区提供运输与出租车服务。优步从最初的基于 App 的出租车网络发展而来，它利用技术以更加高效的方式将巨大的出租车运力引导和连接到潜在的乘客身上。这款 App 可以让乘客看到附近出租车的位置，并根据距离、价格和点评系统提供不同的司机供乘客选择。事实证明，它非常受乘客欢迎。

该公司在运输领域的成功引起了快递公司的注意，它们发现了优步的巨大潜力。采用这种创新技术会对快递业产生深远的影响，也可能使原先可行的商业模式变得过时。

优步已经开始将其技术应用于快递业，并在中国香港试运行优步货运服务。这项服务的运行方式与打车服务大致相同：用户在 App 中选择一辆车，然后指挥它去装载货物，并实时跟踪货物的运输过程，直至到达目的地并完成交付。价格根据距离和时间而定，不针对重量和体积收取额外费用。

在亚太地区，啦啦快送（Lalamove）和高高客货车（GoGoVan）等公司提供类似的服务，这两家公司都在亚洲的多个城市开展业务。随着优步品牌的进入及其可能带来的聚合效应，亚太地区的快递业可能即将见证一场革命性的变革，并引发欧洲和北美市场的效仿。

新技术平台可以大幅提高效率，提高装载量，缩短不同取货点之间的距离，减少投递错误。因此，这些 App 完全可以被列入快递公司的战略议程。

然而，一些快递公司可能会对优步技术的应用持谨慎态度，尤其是那些目前的业务模式基于分包商，并尽可能从分包商身上榨取价值的公司。优步技术可以让小型分包商获得所需的能力，从而独立于大型快递公司。

案例研究 4.2

Urbantz 一石激起千层浪

Urbantz 是一家总部在比利时的小型云软件开发商，已筹集了约 75 万欧元的资金。它主张通过提高投递效率来节省客户（小型快递公司）的时间。

其软件可以根据交货时间表进行自动排序，对司机进行实时的端到端跟踪。根据该公司的说法，它可以“提高 50% 的效率”——从每天完成 140 次投递增加到每天完成 210 次报道（高峰期）。

其软件的另一个优越之处是，其管理层声称使用该软件所需的培训极少，这意味着它可以在短时间内大量地引入新司机，以应对高峰期的需求。

据悉，该公司还在开发涉及收件人地理定位的动态投递方案。这意味着，如果收件人不在原始的投递地址，软件将重新规划路线以完成投递任务。

Urbantz（以及许多类似的小型开发商）提供的产品使中小型快递公司

能够与拥有“企业级”TMS 的大公司竞争。这最终将是颠覆性的，因为这些小公司往往比强大的竞争对手更灵活、费用更低廉。

既有市场参与者的反击

尽管人们很容易将快递业巨头的业务描述为极易受到颠覆者的扰乱，或者像很多人喜欢说的那样，处于一个“燃烧的平台”上，但事实可能并非如此。准确地说，它们目前采用的一些运营模式和技术在“燃烧的平台”上，但公司本身并非如此。尽管规模庞大，但联合包裹、联邦快递和敦豪速递等公司过去已经证明，它们有足够的灵活性来适应不断变化的经济和技术环境。

许多正在改变行业的创新者可以被既有市场参与者利用，而不是对它们构成威胁。货运代理费率平台 Freightos 就是一个很好的例子。该公司已获得大量的资金，它的产品提高了货运代理的运营效率。同理，大量的货运交易平台如雨后春笋般出现，大大小小的货运公司都可以通过它们来提高车辆利用率。它们不会对市场领导者构成真正的威胁，也不打算这样做。

因此，尽管快递业受到新技术和新商业模式的冲击是毋庸置疑的，但这并不意味着在快递业中占据主导地位的巨头企业面临生存危机。事实上，这些公司多年来一直处于创新的前沿，我们没有理由认为它们不会利用最新的技术来开发新市场。

所有领先的快递公司都有强大的内部资源，专注于开发新技术和新解决方案。例如，敦豪速递的创新中心负责为制药业开发智能传感器，以监测包裹中的温度、湿度、震动和光照数据。该公司开发的 App—— MyWays 也是斯德哥尔摩众包试验的先行者。

案例研究 4.3 分析了联合包裹如何投资于创新。

案例研究 4.3

联合包裹对创新的投资

联合包裹建立了战略企业基金（Strategic Enterprise Fund），该基金为其提供了对于新兴商业模式、技术和市场的洞察力（见图 4.1）。联合包裹一旦发现新的投资机会，就会通过与风险投资界的合作和内部推荐，最终在财务和知识方面获得数倍的回报。

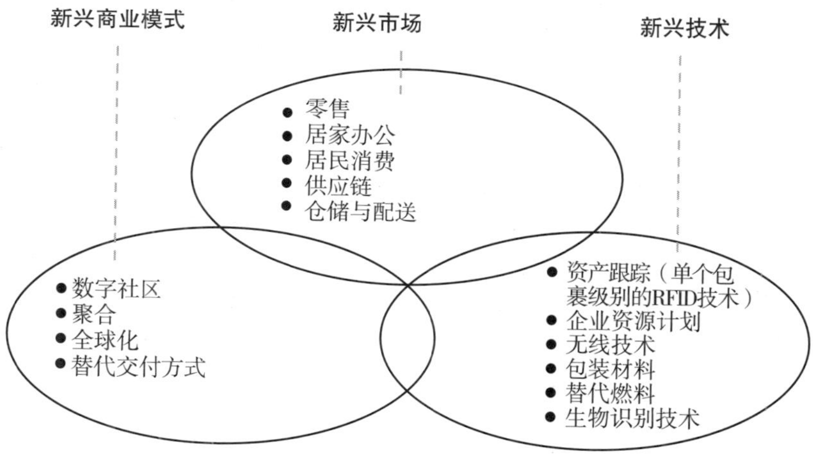

图 4.1　联合包裹的投资战略

该公司最知名的投资之一是对总部在伦敦的快递平台提供商 Shutl 的投资，该公司提供线上订单 90 分钟送达服务。在加入包括 GeoPost 在内的投资者阵营之后，联合包裹最终在 2013 年易趣收购 Shutl 时出售了自己的股份。

2016 年 2 月，联合包裹向 Deliv 投资 2 800 万美元，后者是最知名的按需交付服务提供商之一。Deliv 专注于美国线上零售业和多渠道零售业，为其提供当日送达的众包配送解决方案。它的客户包括百思买（Best Buy）、沃尔格林（Walgreens）、梅西百货（Macy's）和欧迪办公（Office Depot）。

当然，联合包裹以其广泛的、资产密集型的全球快递网络和包裹投递服务而闻名。不过，联合包裹的管理层先知先觉地认识到，众包配送既是对其既有业务的威胁，也是一个潜在的机会。

这笔投资还让联合包裹获得了 Deliv 董事会的一个席位，联合包裹对该公司的运营了如指掌。此外，联合包裹还通过其在线商店向中小客户推广 Deliv 的服务。事实证明，这些服务特别受那些寻求快速交付的按需印刷（Print On-demand）服务提供商的欢迎。

正如 Deliv 在自己的推广文案中所言，这是“史上首创、最快、最灵活的当日送达服务，同时也是最便宜的配送方案”。非常有意思的是，因为传统的当日送达服务收取额外费用，所以之前只占据了一个非常小众的市场。不过，现在提供这类服务的公司有可能成为重要的主流配送服务提供商。

总结

很多人认为，快递业实际上很容易被颠覆，因为有如此多的新技术都适用于这种垂直整合的商业模式。亚马逊等线上零售巨头的影响已经开始显现，因为在一些关键的区域市场，亚马逊已将主要配送服务提供商去中介化，转而直接与当地的服务提供商合作。此外，小型快递公司通过软件即服务（Software as a Service，SaaS）开发商（如 Urbantz）获取强大的工具，更高效地与既有市场参与者展开竞争。

有些观点夸大了主要集成服务商所面临的威胁。该行业的许多创新正被既有市场参与者用来创造价值，正如前文所述，联合包裹、联邦快递和敦豪速递已经投入了大量的资金，以确保自己仍处于市场前沿。

THE LOGISTICS AND SUPPLY CHAIN INNOVATION HANDBOOK

Disruptive Technologies and New Business Models

第 5 章

物联网、大数据与人工智能

本章将介绍：

- IoT 是什么；
- IoT 在供应链中的应用及其对消费者、零售商和制造商的影响；
- IoT 如何应用于物流行业及其产生的积极影响；
- AI 在分析由 IoT 产生的海量数据方面所发挥的作用；
- AI 对成功整合数字世界和实体世界的重要性；
- AI 将如何影响物流和供应链行业；
- AI 在物流行业创新的发展过程中发挥的作用。

供应链中的物联网

IoT 是一个术语，意为使用传感器、相关技术和网络，让建筑物、基础设施、设备和其他物品共享信息，免去人对人或人对计算机的交互。它可以为供应链中的各方提供更丰富的数据和更深入的情报。

市场研究公司 IDC 在 2018 年预测，IoT 及相关技术将在 2021 年发展出 1.1 万亿美元的市场，在 2017 年至 2021 年期间每年增长 14.4%。IDC 还预测，到 2020 年底，联网的物品数量将达到 2 120 亿，其中包括 301 亿台自动联网的智能设备。

通用电气前首席执行官（Chief Executive Officer，CEO）杰夫·伊梅尔特（Jeff Immelt）说：

> 互联网改变了我们消费信息和相互交流的方式，现在它可以做得更多。通过将智能机器相互连接并最终与人类连接，以及将软件与大数据分析结合起来，我们可以扩展物理学和材料科学的边界，从而改变世界的运行方式。

随着生产成本的降低，传感器的经济性将显著提高，其在供应链中的应用也将变得更加广泛。它们提供了精确到每件货物的可见性。到目前为止，为了获得这个级别的可见性，企业仍须付出极高的成本。随着供应链在定位和保护库存方面做得越来越好，可见性的提高必将带来巨大的经济效益。

互联的消费者

IoT 可以促进家庭自动化的实现。家庭自动化涉及一系列家用电器及相关功能，其中某些与供应链无关（如供暖和照明控制）。不过，有些家电可以整合到供应链中，如冰箱。通过传感器和摄像头（用于监控物品），冰箱可以发现变质食品并重新订购该食品。软件可以识别各种物品，如牛奶或西红柿，并跟踪购买行为。将来，智能包装甚至能够识别产品何时过期。

同样的原理也适用于其他家电。例如，洗衣机和洗碗机可以自动重新订购洗涤剂，或许需要虚拟助手的帮助。

传感器也可以附加到电器上，以及时进行预测性维护。传感器可以让电器进行自我诊断，向服务公司发出故障警报并通知需要哪些零部件。

Worldpay 发布的一份报告称，44% 的消费者使用过联网家居设备和 Alexa 等虚拟助手。有 46% 的受访者表示，他们很高兴看到这些设备能在没有人委托的情况下自动下单。其他的相关创新也将改变消费者的行为。例如，3D 人体扫描仪将鼓励更多的消费者在家里购买衣服，而不是去商店试穿。

尽管家庭联网的出现是不可避免、值得欢迎的，但很有必要改善网络安全。除非制造商能确保其产品不会受到侵入，否则用户必须加强室内的防护设施。这个话题经常被媒体和制造商忽视，但在未来几年将会受到重视。

供应链中的库存管理

数字货架

利用产品上的传感器来记录库存数量的变化，即所谓的“数字货架”，将使自动重新采购成为可能。从理论上说，货架、仓库和配送中心及其他商店的库存水平将可以实时查看。这可以让退货被转发到有需求的商店，而不是被退回到中央仓库。

集装箱与产品跟踪

有许多复杂程度不同的传感器可以用于集装箱跟踪。有些可以记录日志数据供稍后下载，有些则可以通过 GPS 技术提供实时记录，在箱门被打开或超过环境参数（如温度）时发出警报。虽然传感器已经存在了许多年，但将它们集成到一个综合管理系统中，使集装箱内的货物具备可见性将是最终目标。这将带来“从生产车间到商店乃至其他地方”的单件货物级别的全程跟踪能力。

库存优化

哈佛商学院的一项研究发现，任何时候都有 8% 的零售商品缺货。斑马技术公司（Zebra Technologies）称，有了 IoT 之后，缺货的概率将降低 80%，因为该技术提高了库存的可见性，使零售商可以及时地确认和补充库存。当物品的重量或高度达到某个阈值时，自动下单功能将取代随机巡察或补货规定。单件货物级别的可见性避免了库存过剩和库存不足，节省了成本。麦肯锡全球研究所认为，库存优化每年可以节省 10% 的库存持有成本。

同样的理念也适用于其他行业。麦肯锡估计，库存优化可以帮助制造业和医院降低 20%~50% 的库存成本，甚至比帮助零售业降低的成本还多。现实中的一个例子是使用传感器和摄像头监测供应箱中的库存水平。当库存水平降至某一临界点时，相关设备就会发出补货命令。因此，IoT 是根据真实数据而非预测做出决策的。

库存损耗

美国国家零售联合会（US National Retail Federation，NRF）称，单件

货物级别的可见性使零售商能够更严格地控制损耗。据 NRF 统计，2017 年美国的库存损耗约为 468 亿美元。法国体育用品零售商迪卡侬（Decathlon）在这个方面取得了巨大的成功。迪卡侬称，它在 951 家门店部署了传感器，2014 年的损耗减少了 9%。

物联网在物流行业中的应用

车队和资产跟踪是 IoT 在物流行业中的应用之一，许多物流服务提供商已经在其货车、卡车、拖车和多式联运集装箱车队中使用了新的跟踪技术，这些技术可以连续地提供每个拖车和集装箱的位置和装载状态的实时信息，而且通常使用太阳能电力。这使得物流公司可以精确定位空集装箱和拖车的确切位置，使规划和调度流程效率更高，同时减少空车行驶所带来的浪费。

传感器的广泛使用和车辆远程信息处理水平的提高使物流经理能够每天收集有关车辆机械性能和司机行为模式的数据，包括车速、方向、制动、发动机性能和机械部件等。这些数据可以用来纠正驾驶员的不当操作，减少车辆的磨损和燃料消耗（从而减少二氧化碳排放）并改善车辆的维护成本、养护时间和故障发生率。

传感器并非仅仅被引入了道路货运业。多年来，飞机发动机制造商一直在采集飞行过程中发动机的性能数据。这些数据被源源不断地传送给制造商，任何偏离预期标准的变化都会引发警报，并在飞机降落后触发特定的检查。制造商会根据数据提供适当的建议，例如，在指定的降落机场准备好替换部件，在飞机继续下一次航行之前更换部件。

这一机制已经建立起来，并在可靠性方面取得了巨大的进步，减少了由发动机问题造成的航班延误，提高了发动机的燃油效率。劳斯莱斯、通用电气和普惠（Pratt &Whitney）等发动机制造商现在有了大量的数据，作为持续不断的分析的素材，以改进发动机和研究如何使下一代发动机更加安全高效。每一次飞行都在增加这些数据，这些数据仅仅是从飞机上的众多系统中获取的海量数据的一部分。

IoT 带来的其他好处包括：

- 实时监控资产、包裹和人员的状态；
- 衡量资产的绩效（并预测它们将来的绩效）；
- 通过优化车队行驶路线来降低油耗；
- 实现业务流程自动化，消除人为干预；
- 优化人员、系统和资产的配合方式，协调其活动；
- 通过分析找出更多的改进机会和最佳实践；
- 监控库存，避免缺货。

案例研究 5.1
IoT 在堆场管理中的应用

敦豪速递供应链和华为在中国柳州的一个汽车制造基地推出了窄带物联网（Narrowband Internet of Things，NB-IoT）应用。它们利用既有基础设施和有限的投资，实施了 IoT 解决方案，旨在促进和简化从入站到制造物流的堆场管理，从而缩短现场的入站处理时间。该项目的概念验证一直持续到 2018 年年底，100 名敦豪速递司机在一个拥有 30 个码头的区域工作。

敦豪速递和华为正在为该解决方案集成 NB-IoT 芯片组，它们使用通用的蜂窝通信频段，这种实现技术更简单且经济。车辆探测器可以直接嵌入这些芯片组，不需要任何基础设施投资。利用每个终端，敦豪速递供应链现在能够实时自动收集关于码头是否可用的信息，为调度员和司机提供可见性。当一辆卡车到达时，司机可以通过 App 进行登记，然后会收到一个排队号码和估计的等待时间。堆场管理系统会通过 App 自动显示码头的可用性，每一位司机都可以获得实时的状态更新。一旦某个码头空闲，司机就会收到通知。通过这种方式，该基地可以根据自身的需要对入站卡车进行优先排序，并安排它们在最合适的码头卸货。

这一创新将司机的平均等待时间从40分钟缩短到了20分钟，材料的及时送达和资源的优化大大降低了生产延误的风险。

敦豪速递期望通过加入额外的功能（如自动车牌识别和地理围栏）进一步加强概念验证。

未来：可打印的电子产品

虽然许多人把注意力集中在诸如RFID之类的传感器技术上，但在传统打印领域中也有相当大的潜力可供挖掘。

喷墨系统是为大规模生产而设计的，该系统通过墨辊将油墨转移到被印刷材料的表面，无论材料是纸张还是塑料。如果该技术能被有效地应用于集成电路和天线的生产，那么它将彻底改变传感器市场，并释放出IoT更大的潜力。

目前，大多数“被动”传感器（最常用的）的成本至少为5美分，该价格过于昂贵，所以很难把它们应用于消费品之类的产品。低成本、大规模地生产传感器之所以困难，主要是因为用于制造集成电路和导电天线（这些是被动RFID标签的基本组件）的传统制造技术是铜蚀刻，这一流程分为几个环节，浪费了多达70%的材料。总体来说，蚀刻被认为是一种有效的工艺，但它也为最低生产成本设定了下限。

因此，将喷墨打印系统用于微芯片生产这件事已经被讨论了一段时间。有人曾经尝试用银或铜墨水作为导体，但都不成功。使用前者生产的电路成本过高，缺乏经济性，而使用后者生产的电路性能很差。

尽管如此，还是有其他的方法可以解决这个问题。研究人员开始探索用石墨烯颗粒取代银纳米颗粒，将其作为导电油墨的成分，并取得了可喜的结果。剑桥石墨烯中心的麦克雷·哈桑（Tawfique Hasan）博士领导的团队与当地公司 Novalia 合作，于 2015 年 10 月宣布成功开发出一种在商业上具有可行性的系统，该系统每分钟可以打印材料 100 多米。此外，石墨烯墨水的成本约为每公斤 40 英镑，而银基墨水的成本至少为每公斤 1 000 英镑。

目前，可打印的传感器仍然缺乏规模经济效益。尽管如此，随着既有解决方案的成功及制造成本的降低，这项技术在不久的将来会变得更加普及。

大数据与人工智能

无处不在的低成本传感器催生了大数据。今天，数亿个正在不断生成的数据点意味着信息的可获得性已经不再是一个问题。关键在于如何利用海量的数据做出明智的决策。

控制塔是向充分运用数据这个方向迈出的一大步（详见第 6 章），但仅仅依赖控制塔本身是不够的。要想充分发挥大数据的潜力，必须在决策过程中排除人为干预。人类没有能力分析持续生成的海量数据，这就是 AI 显得至关重要的原因。

图 5.1 展示了现实世界与数字世界之间的关系。运输资产和实物产品中的传感器能够在供应链的每个环节传递关于其状态、位置、条件和环境的数据。我们必须对在此过程中产生的大数据进行实时分析，然后根据分析结果做出决策，只有这样才能让供应链创造价值。这些决策包括：

- 异常管理，如重新规划路线或更改交付时间；
- 干预，如对卡车或轮船进行预测性维护；
- 决定货物在仓库中的最佳位置。

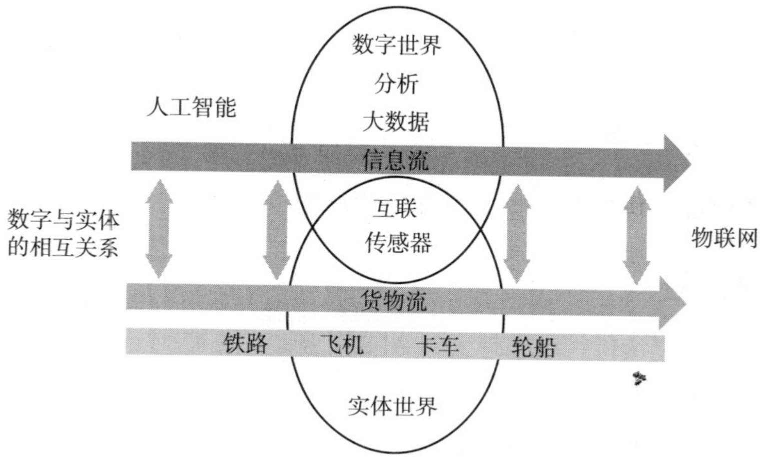

图 5.1　供应链中的实体世界与数字世界的关系

这一切都是在没有人为干预的情况下进行的，仅仅基于一组算法或规则，这些算法或规则直接改善了供应链的绩效。

什么是人工智能

AI 是一个广义的概念，普遍被认为是一种具有自我意识的机器，它具有自主思考和行动的能力。在当前的商业环境中，我们可以把 AI 当作一个术语，专指一种能够替代人类智能去完成特定工作的机器所具备的能力，如视觉感知、语音识别、决策制定和语言翻译。要使机器具有 AI，它可能需要借助人类的推理方式，但不一定完全相同。

AI 的一个基本组成部分是机器学习，这也是一个术语，它是指计算机识别输入流的模式并进行关联学习的能力。例如，通过机器学习，计算机可以学习区分狗和猫，具体方法是让计算机浏览数千张分类图片，并对人类的纠错做出反应，建立数据之间的联系。

为了充分利用 AI 的优势，我们首先要让计算机访问大量的数据，这就是大数据的意义所在。我们可以将大数据理解为 AI 发动机的燃料。同时，我们要认识到，作为提取有用数据以供分析的平台，IoT 具有极高的重要性。

随着这些技术的进步和日趋成熟，它们将被越来越多地嵌入一个内部组件相互支持的生态系统。该生态系统可以持续运行，并持续地改善实体世界（如供应链）与数字世界。

人工智能在供应链和物流行业中的应用

交付的灵活性

最后一公里交付将越来越受到 AI 的影响。对那些致力于跟上消费者需求变化节奏的线上零售商来说，交付的灵活性是非常重要的。不同国家和地区的消费者的需求不尽相同。例如，英国消费者更喜欢门店自提服务，而德国消费者则更喜欢使用快递柜，但这两种偏好都不是一成不变的。

总体来说，客户的要求越来越高。在 2016 年的一项调查中，有 46% 的受访者表示，如果有一个选项可以让他们改变自己的偏好，他们愿意尝试。然而，提供灵活的交付方案的公司在最后一公里交付这个环节面临着越来越多的困难，而这正是 AI 的用武之地。

除了优化货物配送，AI 还可以通过分析客户数据提供备选方案。例如，AI 可以根据地理位置数据，建议客户从指定的自提站点提货，因为这些数据显示货物正好位于客户下班回家的路上。通过分析消费者的生活规律和移动设备提供的位置数据，AI 将使企业更有能力为个人客户定制交付方案。

互联的消费者

数据是解锁许多高级功能的钥匙。值得注意的是，尽管亚马逊在 2015 年发布 Dash Button 后，市场中没有多少关于该产品成功推动销售的报道，但它一直是了解消费者行为的宝贵的信息来源。

目前，机器学习系统主要受限于数据输入。谷歌知道你在搜索什么，Facebook 知道你的朋友是谁，苹果公司知道你在听什么音乐，但是它们全都不能把这些信息结合起来，全面地了解你这个人。

在这场竞争中胜出的公司已经意识到了虚拟助手在获取和识别数据方面的潜力。亚马逊的Echo是这些系统中最突出的一个。通过与其他智能设备的整合，它可以提供有用的建议并发出订单。例如，通过访问用户家里智能冰箱内的数据，虚拟助手可以提示用户可能明天早上就没有牛奶了；如果用户选择提交订单，他们就能及时收到送货上门的牛奶。

自动驾驶设备

可以说，AI在电子商务供应链中最明显的应用对象是自动驾驶设备，尤其是无人机。由于最后一公里交付是个人消费品供应链中唯一可见的部分，无人机吸引了大众的许多注意力，在与AI相关的新闻报道中占据了相当大的篇幅。尽管如此，从商业角度来看，自动送货无人机的发展意义重大。

仓库自动化

仓库自动化是另一个明显受到AI影响的领域。例如，在亚马逊的仓库中，货物摆放不是按类别预先确定的，亚马逊使用了智能化的货架系统，货物由公司的WMS管理，该系统使用算法并根据拣选路线来优化货物摆放。

2012年，该公司收购了Kiva系统，通过部署机器人简化了拣选流程，进一步优化了配送过程。机器人把货架上的货物带给工人，而不是让工人去找货架。这不仅加快了拣选速度，也扩大了AI在公司内的应用。

这只是在仓储环节应用AI的一种形式。其他公司不采用自上而下的系统来控制拣选区域内所有机器人的动作，而是利用机器学习训练自动导航车辆（Automated Guided Vehicle，AGV），让它们与工人在仓库中共同作业。

美国初创企业Seegrid已经将这种作业形式运用到了几个材料处理系统中，这些系统都需要通过关联进行学习。每辆AGV上都安装了多个摄像头，操作人员带领它们“走过”指定的仓库路线。该公司的专有软件让每辆AGV根据视觉数据识别特定的路线，对每条路线的“记忆”可作为系统内所有 AGV 的操作指引。该系统非常灵活，使用相对便宜的硬件，而且与亚马逊的机器人不同，它不需要阅读地板上的标记以执行定位指令。Seegrid 的 AGV 已经被美国邮政和亚马逊等公司采用。

总结

IoT 有能力提供极为浩瀚的数据，而且与供应链的各个方面密切相关：从消费者行为和需求到产品在仓库的位置；从汽车发动机部件的磨损到跨越大陆的运输跟踪。然而，如果数据资源没有得到及时的分析，或者由此生成的信息和情报没有得到利用，那么收集如此大量的数据便是毫无意义的。这就是 AI 大展拳脚的地方。

AI 试验可能产生的负面影响或许会成为未来几年媒体和政策界反复讨论的话题。然而，尽管存在担忧，但无可争辩的事实是，AI 在众多领域中显著地提高了工作效率。在供应链中，以降低成本为目标，AI 可以根据需求的旺季和淡季对资产进行更有效的配置。此外，以创造性的方式利用 AI 可以让组织采用多种方式解决问题。对于供应链，AI 应用程序允许控制塔引入预测和规定功能，从而使其有能力应对不可预见的事件。随着 AI 变得更加先进，这最终将构建一条能够自我修正的供应链，该供应链将自动适应不断变化的商业环境。与战略分析相结合，这可能催生一个不断进化的系统，它能够不断地调整自己来满足不同的需求。

随着许多工作被自动化，AI 有可能在就业方面引发重大变革。随着时间的推移，自动化大大减少了制造业的就业岗位，也可能影响服务业的就业，这是一个历史性的重大变化。

THE LOGISTICS AND SUPPLY CHAIN INNOVATION HANDBOOK

Disruptive Technologies and New Business Models

第 6 章

控制塔与供应链的可见性

本章将介绍：

- 由于涉及众多的参与者，因此很难实现供应链中货物的可见性；
- 如何建立控制塔来监控和管理供应链中的活动；
- 控制塔在分析 IoT 产生的数据中发挥着重要作用；
- 控制塔如何以较低的成本引导、驱动产品在供应链中的流动；
- 物流服务提供商在监控、引导和驱动产品流动方面可以发挥哪些作用；
- 通过云计算构建可扩展的解决方案的可能性。

在由 IoT 构筑起的大数据时代，供应链管理人员面临的重大挑战之一是要分析海量的信息，并依据这些信息及时做出决策。

与多年来的情况一样，任何规模的物流运作都需要信息系统的支持。与过去不同的是，现在几乎所有人都能以极低的成本获得复杂的技术。

技术在供应链管理中的应用常常集中在特定领域，包括运输、仓储、库存和订单管理。用于规划和预测的辅助系统、物料需求计划（Material Requirement Planning，MRP）系统及会计系统都被设计为独立的程序。用于集成和协作的支持服务支撑着这些程序，并为企业组织内外部的信息交换和文件传输提供了相应的机制。然而，现在这些独立运行的程序需要打破既有的藩篱，整合到一个新的平台中。

这反映了一个事实，既有 IT 架构并不是满足未来需求的最佳方案。下面将介绍在未来几年内要想支持物流服务提供商的运营必须做哪些事情。

物流服务提供商的角色

为技术收购和支持提供资金的商业模式正在发生根本性的转变，这使得许多大型物流服务提供商不得不探索新的运营模式。同时，它们正在经历一场复杂而艰难的过渡，需要处理许多遗留的解决方案和支持服务合同，它们耗费了数百万美元的成本，但其中许多很可能难以收回成本。

信息系统支撑着所有的物流运营活动（见图 6.1）。几十年来，只有大型企业才有能力投资于大型的、可扩展的解决方案，用于支持某项运营职能。但是，云服务和移动计算的发展所带来的巨变正在改变这个行业的方方面面。

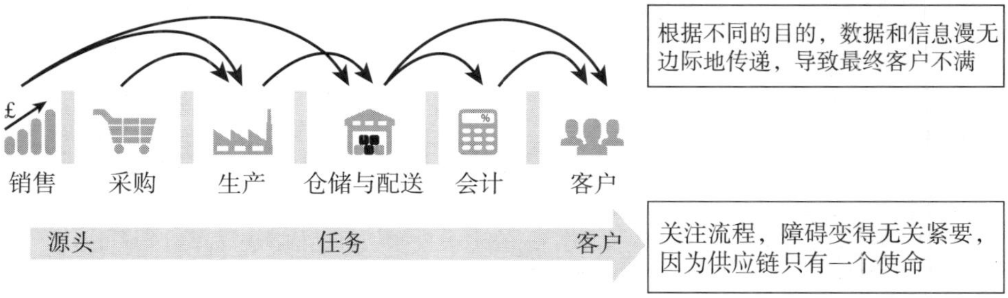

图 6.1　供应链中的信息共享

这些大型企业对管理和控制内部运营活动的系统做过重大投资。这些系统通常被描述为企业资源计划（Enterprise Resource Planning，ERP）系统，该系统对组织中的信息流进行编码和结构化。该系统在组织内部运行良好，原因是企业内部流程明确且很少改变。业务需求在系统的实施周期内也不会有什么变化。遗憾的是，这些系统并不能很好地适应敏捷和灵活的物流服务提供商的需求。考虑到 ERP 系统起源于金融和会计领域，这并不令人惊讶。

如今的物流服务提供商必须在一个更加网络化和协作化的世界中开展运营。根据业务运营需要，集成各种不同的系统和服务是很有必要的。与此同时，它们还要采集、处理来自一系列设备和传感器的数据流，以满足一直存在的对可见性的需求。

许多物流服务提供商正在探索采用控制塔来监控和管理全球的供应链活

动（见图 6.2）。本质上，这是对提供完整的供应链可见性的另一种描述。

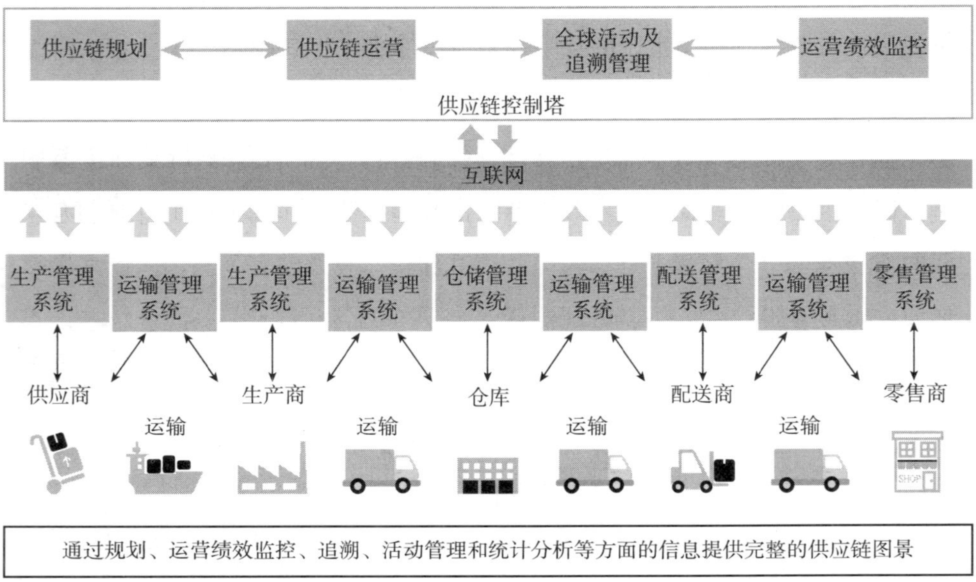

图 6.2　控制塔

多年来，真正的供应链可见性一直是一个难以实现的目标，全球集成商运营的跟踪系统可能与之最为接近。这些系统提供了良好的可见性，所有的订单和发货信息都汇总至集成商。只有当货物被转移到另一个承运商或合作伙伴时，信息流才会暂停或消失。即使到了今天，一项涉及多家承运商的运输业务仍然需要管理者去查询多个系统并核对结果。

这引发了物流系统供应商之间的数量可观的并购。将功能不同的应用程序迁移到云托管平台（通过互联网访问）的举措进一步推动了这一趋势的发展。这通常被称为“迁移到云端”，但并不是所有的应用程序都适用于这种环境，或者都能充分发挥出云基础架构的优势。

在并购的背后，架构师们试图提供单一的解决方案平台，以满足物流服务提供商的所有运营需求。他们希望这些平台对大公司有足够的吸引力，但事实上它们更有可能被规模较小的物流服务提供商或初创企业所采用。其原因或许并非业务运营需求，而是公司内部的人为因素：大型物流服务提供商的首席信息官（Chief Information Officer，CIO）每年都有大量的预算可以支配，他们不太可能有兴趣去探索与既有结构存在冲突的解决方案。当然，也有一些明智的技术高管懂得，对不断修改和改变既有系统的需求不可能在短时间内减少。

云服务

云服务的引入预示了全新的订阅模式的出现，这给传统的应用程序开发商带来了巨大的挑战。它们必须将既有解决方案迁移到云端，耗费高昂的成本从底层开始重写软件，同时还要维持既有的客户服务合约。与此同时，客户也正在打算放弃昂贵的授权和技术支持协议，转而选择更灵活、成本更低的替代方案。

我们可以看到，在许多组织中，各业务单位正在大量使用来自云供应商的低成本的应用程序，因为它们不愿耗费时日去等待自己的 IT 部门完成这项工作。这导致许多大公司内部出现了许多各自为政的系统，这些系统甚至尝试相互交换数据，进而带来了潜在的安全风险和数据管理方面的风险，因为许多关键的客户数据和运营数据都在企业外部的各种移动设备上。

已经在 ERP 系统和内部服务器中创建了大量应用程序的物流服务提供商，必须确定如何将关键的运营数据迁移到云端。较小的物流服务提供商和市场新进入者可以立即在云端开展运营活动，并根据需要从既有应用程序中进行选择。

正是这种技术服务成本的调整（从一种以内部开发应用程序为主的资本支出模式，转变为一种更灵活的、基于订阅的运营成本支出模式）对今天的市场格局造成了巨大的冲击。这意味着小型物流服务提供商可以利用这些新平台迅速地为客户提供各种新的解决方案。它们可以如此轻松地做到这一点，而不必像既有的大型企业那样进行大规模投资，因此取得了相当大的成本优势。另一个好处是，新的解决方案固有的灵活性意味着它们可以迅速做出调整，满足和适应客户的任何需求，通常在几天内，有时甚至在几小时内。

新平台具有高度的可扩展性和安全性（即使是规模较大的公司，也无法拥有谷歌、微软或亚马逊这类巨头所拥有的安全团队），不仅降低了成本，同时由于摩尔定律（即芯片上的晶体管数量每两年就会翻一番，与此同时价格持续下降），处理能力还会持续提升。

供应链的可见性

这种新方法的主要优点是，技术组件更易于取得，还使得全球供应链的可见性大为提高。这说起来很容易，但实现起来却极其困难。真正的供应链可见性需要从原材料采购延伸到最终的成品交付，有时甚至还要算上服务和售后支持。如果所有这些活动都在同一个组织内完成，那么供应链可见性在某种程度上还比较容易实现；但在当今外包化和网络化的世界中，许多职能都要借助合作伙伴完成工作，这就进一步提高了实现难度。

全球化集成商提供的复杂的跟踪系统或许最有可能实现供应链可见性。但前提是，下单和发货必须发生在该集成商的运营网络之内。此时，集成商可以确保及时采集数据，更新运单状态，同时进行身份验证。它们在网络、扫描仪和传感器上投资了数十亿美元，以确保几乎所有经过其监管链的货物都能被识别和定位。但是，这种运营模式及其成本对许多公司来说是难以承受的。那么，这些企业应该怎么做呢？幸运的是，自 21 世纪头 10 年末期以来，科技的不断创新让我们能够以负担得起的成本获得实现这一目标所需的所有技术组件。

高效的物流运营商正在成为流程管理专家。仅仅针对一个功能模块进行改进往往难以提升整体效率。在过去，对特定功能模块的改进往往会将低效和问题推向相邻的两个功能模块，这对改善整个组织的流程毫无意义。随着功能模块之间壁垒的消失，控制订单和发货的流程将依赖于即时、准确的数据。这就是供应链可见性（跟踪只是其中的一部分）至关重要的原因。

可见性平台应该连接起供应链中的各种运营系统。它应该提供所有数据源的背景信息。数据源越多，所发生的事情就越清晰。可用库存的状态、数量和位置信息的精确性是至关重要的，这是建立各种高效流程的基础。

关于发货的准确信息为供应链管理团队提供了更多的选项。当供应链出现延迟或中断时，这些信息将发挥重要作用。货物在供应链中移动时可能会被与其他货物合并，或者被转交给其他承运商，从而使订单状态发生改变。系统通常会在订单的原始标识后面加上很多额外的标识，而其中大部分标识仅对数据管理系统有意义。

这个简单的事实使人们很难在整条供应链中跟踪某个特定的订单。只有在物流服务提供商已经能够识别整批货物中的所有订单后，才能找到每个订单的发货信息。

这个问题就像一套俄罗斯套娃。每个套娃可以（也可能不）藏在另一个套娃里面。局外人只能看到最外层的套娃，但不知道里面还有多少个套娃。一个好的可见性系统往往有一个灵活、稳定的设计，它能够解决这个问题。原始订单中的货物可能被放在某个包裹中，并和其他包裹放在一个箱子内，然后被放入托盘，托盘被放到一个集装箱或空运单元装载装置中，每个都有自己的唯一编码。跟踪原始订单意味着可见性系统需要化解透视包裹与封装的难题。

具有良好可见性的物流提供商通常会以最经济的成本让产品高效地流经客户的整条供应链。具有良好可见性的平台可以很方便地纳入新的参与者和数据源。将可见性平台扩展到任何供应链的边缘的能力是至关重要的，因为它能让供应链透明可见。

移动设备和基于 RFID 的传感器能够与可见性平台协作。随着这些平台利用新兴的云技术来扩展其应用范围和规模，它们将成为所有供应链活动的主要运营基地。案例研究 6.1 介绍了一家制造高精度元件的全球化工程公司的供应链可见性。

案例研究 6.1

某工程公司的供应链可见性

一家制造高精度元件的全球化工程公司亟需确保生产过程中材料的可获得性。原材料和半成品组件来自为数不多的合作伙伴。每个合作伙伴都会收到该公司的需求预测，这些预测涵盖了相当长一段时间内的生产需求。随着交付日期的接近或交付被取消，合作伙伴都要根据需求计划制订交付计划。然而，需求计划是由一个大型 ERP 系统生成的，它只了解它的拥有者——这家工程公司。

这意味着需求计划中列出的零部件可能与供应商列出的并不相符，因此需要通过大量的人工作业来理解需求计划。更重要的是，当某家供应商按照需求计划安排自己的工作日程时，很有可能会出现自身进度与另一家供应商的进度不匹配的情况。因此，供需之间的变化很难理解。为了应对这种情况，运营团队只能通过超额订购加以弥补。

该公司做了一个试验，希望通过可见性系统解决这个问题。可见性系统理解所有参与方的数据引用规则，并包含整条供应链的库存水平和状态信息。这是一个独特的应用程序，可以通过互联网访问，而且不受任何参与方的控制。每家公司都有自己的访问权限，都可以管理自己的数据，系统负责维护各库存单位（Stock Keeping Unit，SKU）数据之间的连接。

需要指出的是，该系统没有主项目数据库，因为考虑到参与方众多，根本不可能创建和维护主项目数据库。

在实际的运行中，ERP系统像往常一样生成需求计划，但是计划的副本被引入可见性系统中，可以被合作伙伴查看，而且是以它们能够理解的形式呈现的。这意味着每个参与方都可以看到相同的信息，而不需要加以揣测。

然后，各个合作伙伴可以将关于库存可用性的信息和交付计划录入系统作为响应，然后可见性系统再次将信息转换成ERP系统能够处理的形式。此外，可见性系统中的事件管理功能可以在生产过程出现按期交付方面的偏差或意外问题时发出警报。这些警报会自动生成图表，并突出显示偏差及其原因，然后通过电子邮件自动发送给物流经理。

虽然这只是一个试点项目，但它表明，如果在整个生产过程中实施该系统，就可以节省大量的资金。它还展示了协作的威力，该系统提供了合适的系统和可视化工具来增强该公司与合作伙伴之间的协作。

不过，这个例子最让人惊讶的并不是结果，而是它发生在大约15年前。它使用的技术现在已经非常普及了，但当时人们认为它具有太强的试验性而不敢全面部署。

总结

虽然对供应链可见性的探讨已经持续了几十年，但良好的可见性仍然很难实现。这并不是由于缺乏数据，数据是由各种应用程序大量生成的，尤其是IoT产生了海量的数据。关键问题是这些数据的质量，以及解释数据并基于数据做出决策的能力。控制塔是这个方面的一个重要创新。最终，在AI的帮助下，企业将无缝地制定供应链和物流管理决策，以确保服务质量并将库存最小化。这为物流服务提供商增添了一个重要的新功能，并使它们重新成为有价值的供应链协调者。

THE LOGISTICS AND SUPPLY CHAIN INNOVATION HANDBOOK
Disruptive Technologies and New Business Models

第 7 章

3D 打印对供应链和物流行业的影响

本章将介绍：

- 什么是 3D 打印及增材制造涉及的技术有哪些；
- 该技术与传统制造技术相比具有哪些优势；
- 采用该技术所面临的挑战有哪些；
- 该技术在颠覆既有供应链方面的潜力；
- 该技术如何应用于汽车和航空航天等行业；
- 物流公司在该技术上的投资。

3D 打印是一项重大的技术创新，对物流和供应链行业具有重要影响。3D 打印又称增材制造，它是第四次工业革命的关键元素。本章将介绍该技术的发展、现实应用及前景。

什么是 3D 打印

3D 打印原本是作为一种自动制造产品原型的方法发展起来的。尽管存在一些与之有竞争关系的技术，但它们的工作原理都是使用计算机辅助设计（Computer Aided Design，CAD）构建材料层（塑料、陶瓷或金属粉末）。因此，它被称为“加法”制造技术——逐层打印，直至最终制造出一个 3D 产品。

使用 3D 打印制造产品原型看起来很理想。传统的“减法”制造技术（即去除材料）需要更长的时间才能做出产品原型，而且成本高昂。机械零件、鞋子、时装及配件和其他消费品都可以打印出来供设计师或工程师审核，修改后也同样容易打印出来。在寻求规模经济的前提下，大规模生产是可行的；但对一次性生产和产品原型来说，大规模生产不够经济。

3D 打印还有其他好处：产品更轻但同样耐用，生产中的浪费更少。相比之下，传统的“减法”制造技术在材料的使用上效率很低。

对许多行业来说，3D 打印的应用已经很普遍了，尽管仅限于制造过程中的特定环节。与传统的“减法”制造技术相比较，它有许多优点：

- 产品原型迭代速度更快；
- 交货时间较短；
- 消除了制造工具和模具；
- 在不影响强度的情况下降低了部件重量（即轻量化）；
- 减少了必需的零件数量；
- 减少了材料损耗；
- 更换零件变得更加方便快捷；
- 优化了 CAD；
- 实现了零件定制；
- 延迟了生产时间；
- 通过减少外包降低了供应链风险；
- 消除了牛鞭效应及半成品的安全库存问题。

根据咨询公司德勤（Deloitte）在 2018 年发布的一份报告，3D 打印将广泛地应用于汽车快速设计原型打印、航空航天和国防零部件打印。报告的两位作者预测，这个市场的规模将从 2016 年的 130 亿美元增长到 2021 年的 360 亿美元。

每个产品可以单独生产意味着 3D 打印是大规模定制生产的理想选择。从理论上讲，消费者将对他们所购买的产品的形式拥有更大的发言权，并能按照他们要求的规格进行生产。

到目前为止，传统制造业必须进行大规模生产，才能在行业中占据一席之地。但是，未来我们将看到，随着 3D 打印变得价格更便宜、速度更快，这种情况很可能会改变。

打印材料的种类也在不断扩展，包括：

- 塑料；
- 尼龙；
- 石墨；
- 陶瓷；
- 用于玻璃填充的聚酰胺；
- 环氧树脂；
- 银；
- 钛；
- 钢；
- 蜡；
- 聚碳酸酯。

3D 打印涉及的技术有很多种，其中最受欢迎的可能是选择性激光熔炼（Selective Laser Melting，SLM）和直接金属激光烧结（Direct Metal Laser Sintering，DMLS）。这两种技术都使用激光将金属粉末熔在一起，一层一层地形成部件，但后者可以使用几种材料的粉末形成合金。

应用 3D 打印所面临的挑战

尽管这项技术已经存在了一段时间，但投入实际应用的速度比最初设想的要慢。没有人指望这个行业会在一夜之间发生翻天覆地的变化，但以下因素确实阻碍了整个行业的发展：

- 大型制造商的惯性；
- 安于现状，不愿改变；
- 惧怕失败；

- 监管负担；
- 缺乏可用的人才；
- 不愿承担风险；
- 打印零件的时间；
- 单件成本；
- 原材料不够标准化；
- 质量保证、可靠性和责任追溯；
- 仿冒风险；
- 知识产权问题。

只有解决了这些问题，消除了相关的担忧，这项技术才能得到更广泛的应用。上述许多问题都与企业运营有关。然而，也有一个与国际货物运输相关的挑战，那就是海关。目前，海关对进口货物征收关税，并严防假冒伪劣货物进出口。

首先，从税收的角度考虑，如果产品是通过 3D 打印在当地生产的，关税就会随着国际货运量的下降而减少，进而造成财政收入减少。举例来说，一项设计源自境外，下载该设计是否需要征收关税？这似乎不太可能，因为在云计算的世界中，数字资料馆可以在任何地方。

其次，如果企业（和个人）生产的产品低于监管标准（例如，由不合格材料制成的电气设备）且没有可跟踪性，有关部门将如何应对这种风险？

目前，3D 打印生产的零部件数量少，生产这些产品的主要制造商受到监管，这些现实情况避免了以上问题被政府提上议事议程。但是，技术民主化的趋势将使这种情况不会持续太久。

为什么 3D 打印将颠覆供应链

一份关于这一主题的白皮书称，3D 打印有可能成为自 20 世纪初美国引入装配线以来，对全球产业影响最大的颠覆性技术。作者写道：

> 目前正在开发的新技术可能会使生产方式发生革命性的变化，使很大一部分制造工作实现自动化，无须依赖昂贵的劳动力，从而导致全球化趋势逆转。过去几十年来，全球化塑造了产业和消费的面貌，而其基础就是运输成本与劳动力成本之间的平衡。

尽管 3D 打印投入实际应用的速度比最初设想的要慢，但这一论断仍然成立。许多人认为单件产品成本较高是该技术投入实际应用速度缓慢的主要原因，但 3D 打印机及其使用的材料的降价将解决这个问题，而且 3D 打印的速度会随着技术的发展而不断提高。

考虑到 3D 打印将使供应链端释放出巨大的价值，相信这些挑战会被逐渐克服。一项调查表明，在汽车业，等待库存到货的时间占整体装配时间的 92%；而且，仅在美国，零部件的运输总量就达到了 729 亿吨公里。

在比较传统制造技术与 3D 打印时，这些隐性成本很少被考虑在内。今天，在精益供应链的术语中，运输被视为一种“必要的浪费”，这种情况很可能在未来几年内转变，运输将被视为“不必要的浪费”。

3D 打印意味着供应链中的中间产品被用于制造打印材料的原材料取代了。上游和下游多层次的库存将被消除，库存在两地之间的运输也将随之消失。取而代之的是更简单的供应链，只需要批量储存和运输打印材料。

这个方面的一个例子是石墨材料。由于优越的导电性能，该材料目前被应用于电子行业的 3D 打印。这种材料主要产自坦桑尼亚的一个矿山，在那里可以提取出非常纯净的原材料。相关的澳大利亚矿业公司已经与一家专业 3D 打印公司合作，开发了一种变体——石墨烯。这种材料一旦得到大规模应用，将使目前传统供应链中的各层级供应商消失，因为矿物资源公司可以向供应打印材料的加工公司供应这种材料，而加工公司供应的打印材料将直接用于生产零部件或最终产品。下一节将重点介绍这对供应链的影响。

供应链转型

为了说明可能发生的供应链转型，我们从分析当前的供应链结构着手，研究一些具体场景。

在图 7.1 所示的简化供应链中，我们可以看到，在上游存在着相互连接的多层供应商，形成了复杂的网格结构。虽然图 7.1 只展示了两层供应商，但是有许多供应链包含了多达五层以上的网格关系。它们彼此供应产品，并由原始设备制造商（Original Equipment Manufacturer，OEM）或合同制造商完成最终的组装。这导致了区域内高密集度的运输需求（尤其是在亚洲），这些需求是由诸多航空货运、航运、道路货运公司和货运代理满足的。最终产品被运送到北美洲或欧洲的港口，然后被转运到内陆，在完成最后一公里交付之前被储存并配送到不同的仓库。

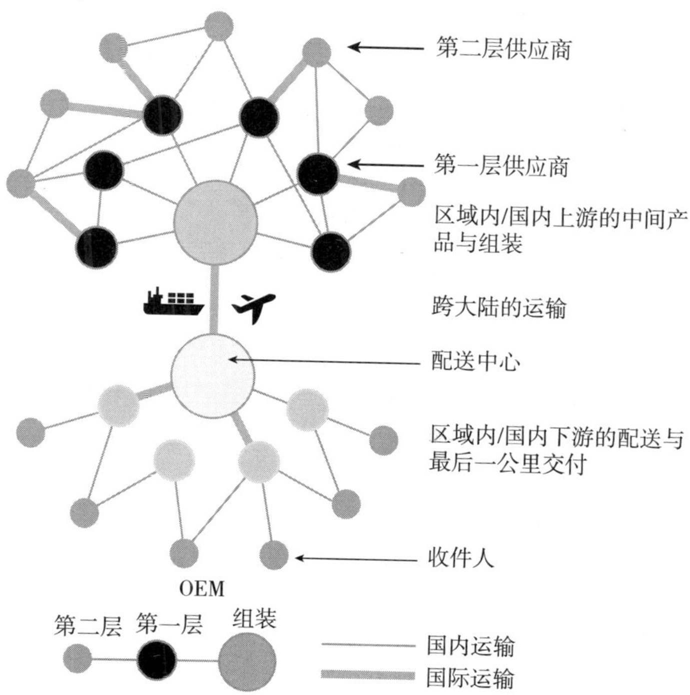

图 7.1 既有的全球供应链

随着 3D 打印工厂的出现，许多既有的半成品供应商将会变得多余，这可以被认为是 3D 打印得到大规模应用的第一阶段。总装厂也采用了这种技术，消除了部分的劳动力需求。货物被运到发达国家的港口，以半成品的形式储存在配送中心，只要对它们进行进一步定制即可满足当地市场的需求。配送中心的 3D 打印机将承担定制工作。然后，这些货物通过物流网络及本地的配送中心被运送给最终收件人。本地的配送中心还兼作 3D 打印机的备件厂，利用它们更接近客户和服务工程师的优势来满足严格的服务水平协议（见图 7.2）。

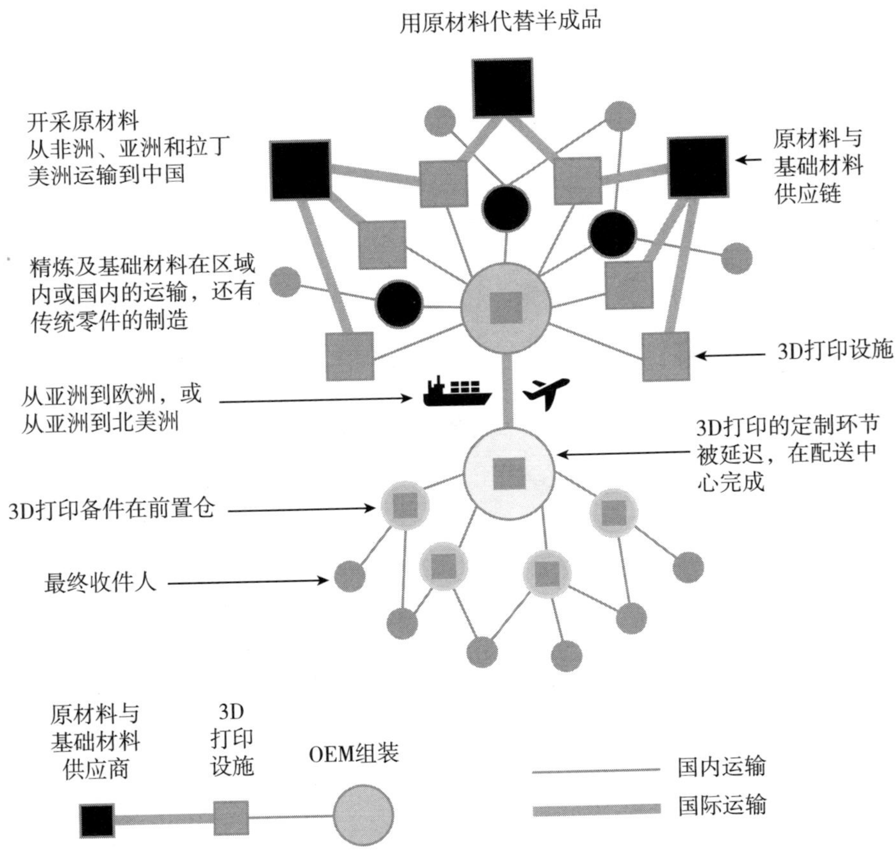

图 7.2　混合工业化 3D 打印供应链

在第二个阶段，全球化的制造商将利用这种技术制造产品，而且不需要大量的劳动力。因此，亚洲失去了生产中心的竞争优势。原材料直接从非洲、拉丁美洲、亚洲部分地区和澳大利亚的采矿地区运往北美洲和欧洲的3D打印工厂（见图7.3）。

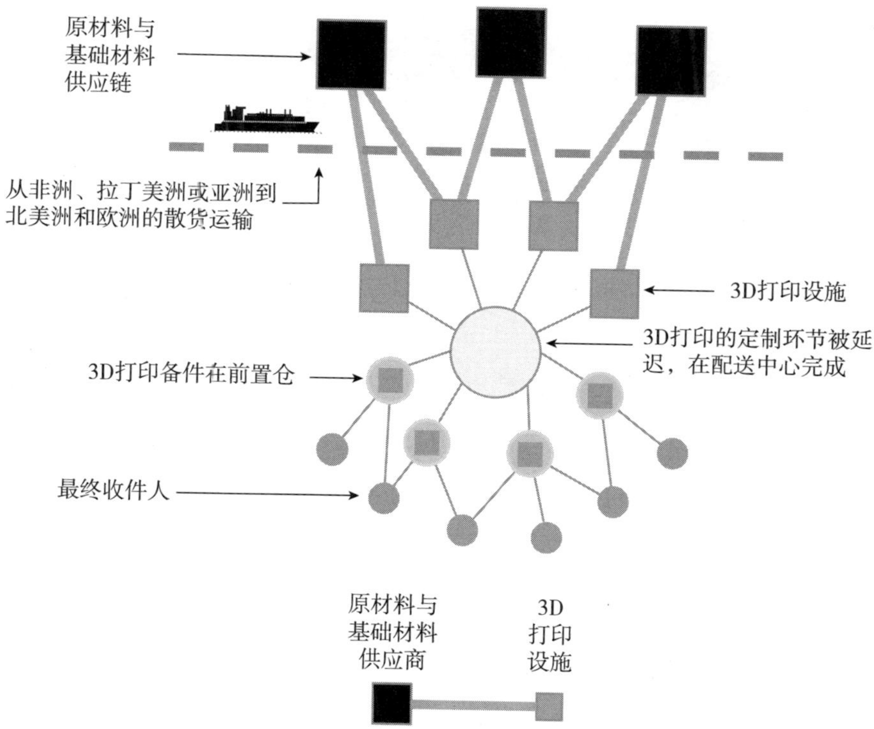

图7.3　“回岸”3D打印供应链

显然，这些场景会有许多变体，图7.4中的场景展示了一种可能的结构。

在本例中，客户需要通过3D打印店或类似的设施从某个数据库（通用的或定制的）下载设计，然后进行制造。最后，成品被发送给客户或者下游厂商。与之前描述3D打印对企业结构影响的模型相比，这个体系看起来更简单。

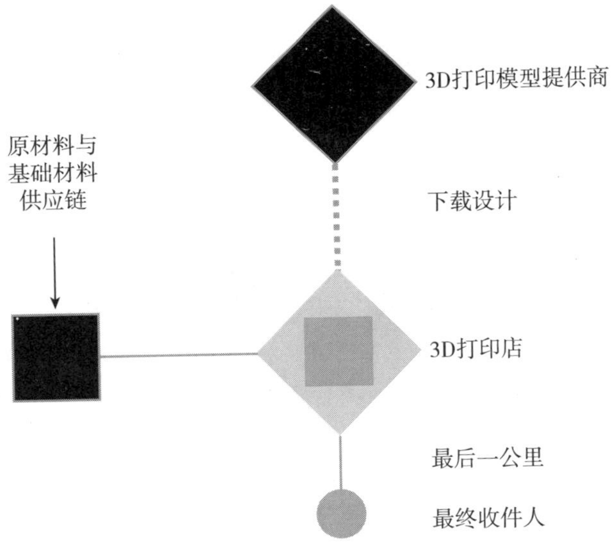

图 7.4　3D 打印店模式

各行业采用 3D 打印的情况

汽车

目前，3D 打印被用于概念建模和原型制造，还有一些零件或小批量替换零件的打印。

未来，这项技术将得到扩展，系统可以长时间运行，并使用创新的材料和全新设计制造出更轻的组件，充分发挥 3D 打印机的潜力，而不局限于对既有部件的复制。例如，传统技术无法应对计算机辅助蜂窝（Computer Aided Honeycomb）和格子设计（Lattice Design）之类的东西，但可以兼顾重量与强度。

发动机

现在人们已经开发出了可以打印整个发动机的大型 3D 打印机。这款打印机由德国的 Roush Industries 公司开发，目标客户是那些设计而不是制造发动机的公司。然而，该公司管理层认为，这项技术很快就会发展到足以制造发动机的程度，而且其速度也将被认为是可以接受的。质量和尺寸问题都不再是阻碍。当然，如果电动汽车取代了既有的内燃机汽车，就不需要打印发动机了。

零部件生产

如前文所述，许多汽车制造商正在测试 3D 打印零件的可行性。它已成为“古董车”零件的来源之一，这类车的零件流转速度极慢，因此进货和储存成本都相当高。制造商先为零件建立数字资料馆，然后客户根据需要打印这些零件。3D 打印机仍处于中心位置，因此零件的质量是有保障的。不过，未来车库里或经销商处的 3D 打印机将能够打印零件，彻底消除运输需求。

积极参与零件 3D 打印试验的制造商包括：

- 雷诺；
- 奥迪；
- 劳斯莱斯；
- 卡特彼勒；
- 保时捷（经典款汽车）；
- 戴姆勒卡车北美公司（试点项目）。

轮胎

米其林（Michelin）等轮胎制造商正在规划新一代轮胎，这种轮胎将充分发挥 3D 打印的潜力，利用复杂的仿生设计进行制造并使用可回收材料。该公司表示，未来的轮胎将是实心的、可回收的，具有防刺、坚固等特点。此外，还可以通过 3D 打印来翻新轮胎。

航空航天

3D 打印为零件生产带来了可观的潜力，因为 3D 打印零件重量轻，而在航空航天工业中，飞行器的重量极为关键。波音公司自 2003 年开始使用 3D 打印零件，最初应用于防空领域。美国国防部对此很感兴趣，因为这种技术有可能实现在战场上快速打印零件。目前，波音公司有 5 万个 3D 打印零件在各种飞机上运行。该公司目前正在为 787 梦想飞机引入钛制零件，不过这需要得到美国联邦航空管理局（Federal Aviation Administration，FAA）的批准。

通用电气的计划可能是最雄心勃勃的。该公司正在为其 LEAP 喷气发动机打印喷油器，而不是仅仅打印备用零件。该公司曾计划到 2020 年每年打印 3.5 个零件，这将使 3D 打印的应用提升到一个更高的水平。其主要好处之一是降低了复杂性。3D 打印涡轮螺旋桨发动机将所需零部件的数量从 855 个减少到了 12 个，这将对航空航天供应链产生巨大的影响。

建筑

在建筑业中出现的许多创新都集中在设计、工程和运营方面，而不是建造和材料装配方面。3D 打印应该被建筑业所接受，这是有充分理由的，尤其是在劳动力短缺日益加剧及该行业普遍存在巨大浪费的情况下。

专门生产高级建筑产品的中国公司荣诚（Winsun）在 2014 年打印了 10 套完整的房屋，并在迪拜打印了一栋办公楼。

从那以后，其他公司也进入了这个市场，它们经常与初创企业合作，如混凝土制造商 LafargeHolcim 和 XtreeE。

在建筑供应链方面，3D 打印可以减少：

- 零件数量；
- 复杂性；
- 将材料运输到建筑工地的次数；
- 退还误订或损坏货物的次数。

然而，尽管该技术是可用的，但它仍然是非常昂贵的，这阻碍了它的应用。

电子产品

咨询公司EY认为，电子行业被3D打印颠覆的时机已经成熟，至少在原型制造上是这样的。例如，印刷电路板的开发和测试工作可能需要8到40天，而且常常需要外包。考虑到外包供应商（很可能位于亚洲）的最低生产批量要求，这仍然是一个成本高昂且耗时的过程。3D打印可以在内部完成，因为没有最低生产批量要求，所以几乎没有浪费。

物流行业的未来

如果传统的分层制造和备用零件网络消失，3D打印最终将成为快递和物流公司的一大威胁。尽管这不太可能很快发生，而且其后果很可能是拖了经济增长的后腿，但这完全是有可能发生的。更有可能发生的情况是，这项技术将使供应网络发生巨变，但不是让它们消失。

场景1（最有可能）

3D打印被广泛应用于汽车、航空航天、医疗技术、电子产品等高科技领域的零件生产。

- 装配过程中所需零件数量的减少让供应链的复杂性大大降低。这意味着在所有的供应链层级上，库存和储存需求都会减少。
- 专注于零部件组装的制造企业（主要在中国）大举投资3D打印，以获取更高的附加值。亚洲位于供应链最上游的一级供应商将蒙受损失，亚洲内部中间产品的贸易量将减少。
- 全球化的制造商不再需要大量的劳动力，它们可以在任何地方建立工厂。具备相应能力的制造商可以将生产移回国内。

最后一点的结果将很难评估。尽管 3D 打印在理论上能帮助制造商把生产基地设在更接近终端市场的地方，不再依赖低成本劳动力，但事实上，一代又一代的制造技术最终都迁移到了中国，人们开始怀疑能否在欧洲或北美洲恢复制造业。因此，3D 打印对物流行业的影响可能包括：

- 亚洲内部的航运业和货运代理业将受到不利影响；
- 全球最终产品的运输市场可能不会受到影响，主要产地仍是中国，日本则是另一个受益者；
- 如果发生“回岸”，发达国家的国内货物运输市场可能会受益；
- 当然，全球备用零件库存将会减少，因为备用零件将按需打印。最后一公里交付仍有可能由快递公司来完成（从具有工业打印能力的前端站点交付到用户手中）。

场景 2（不太可能）

不太可能出现的情况是，制造业将消费化。换言之，3D 打印让个人可以在自己家里打印产品。虽然这对爱好者来说确实是可能的，但生产大多数产品所需的工业 3D 打印机不太可能是普通家庭负担得起的。

不过，如果 3D 打印能够进入家庭，将会产生下列影响：

- 产品在整条供应链中的运输将变得多余；
- 产品运输将被打印材料的运输所取代；
- 来自非洲和拉丁美洲等主要发展中地区的原材料将被提炼成打印材料；
- 最终的运输（国内或国际）将取决于这些原材料提炼厂的位置；
- 需要大型仓库来储存这些打印材料。

物流公司的投资

因为意识到了 3D 打印的长期威胁，或者只是希望抓住能为业务增加价值的短期机会，物流公司正大举投资这项技术。

联合包裹

2016 年，联合包裹推出了 3D 打印制造网络。该公司与 SAP 合作，利用美国 60 家联合包裹门店以及路易斯维尔的一家 3D 打印工厂推出了 3D 打印服务，以满足其所认为的人们对“制造即服务”（Manufacturing as a Service，MaaS）的需求。客户将集中下单，零件在最佳地点被打印出来。

联邦快递

联邦快递紧随联合包裹的脚步，于 2018 年推出了联邦快递前沿仓库（FedEx Forward Depots），这是一个负责关键库存和 3D 打印的业务部门。不过，其产品仍处于早期开发阶段。

全球国际货运代理有限公司

全球国际货运代理有限公司（DB Schenker）的客户现在可以通过其门户网站 eSchenker 上传 3D 模板，选择材料和颜色，咨询价格，下单并收到最终产品。

目前，客户可以打印用不锈钢制成的医疗设备、用塑料制成的机器人抓取手指及定制的包装材料。

全球国际货运代理有限公司通过其数据平台管理 3D 打印和交付业务。该公司没有自己的打印机，而是组建了由初创企业和老牌企业组成的合作伙伴网络，使用了数字化的商业模式。

总结

虽然 3D 打印尚未发展到许多人预期的那个程度，但它得到了稳步的部署，该技术在未来得到更广泛的应用是毫无疑问的。3D 打印正被整合到既有制造流程中，这将形成所谓的“混合供应链”。随着时间的推移，越来越多的零件和组件将通过 3D 打印进行制造，无论是在总装厂、物流中心，还是在专业的零组件工厂。

这充分说明了供应链最终将发生重大变化。虽然相关迹象可能在未来的许多年里都不明显，但结果很可能是物流行业的增长速度放缓，而不是市场规模缩小。没有证据表明目前的全球化供应链系统会一成不变，技术的发展会成为变革的催化剂。

并不是所有的变革都会威胁物流公司。正如前文所述，3D 打印将带来更多的定制零件并延迟在尽可能远的下游（例如，在一个发达市场中的物流中心）进行的生产。

很明显，由于 3D 打印技术的发展速度和发展方向存在如此多的不确定性，供应链的各方都必须做好准备，以应对 3D 打印必然会带来的诸多机遇和挑战。

第 8 章
机器人与自动化的潜在颠覆力量

本章将介绍：

- 需求端的不断变化使得针对仓库自动化的需求更加迫切；
- 仓库中使用的各类机器人；
- 亚马逊和生鲜电商奥凯多（Ocado）等公司使用机器人的状况；
- 机器人在提高了效率的同时减少了对劳动力的需求；
- 自动化对物流服务提供商造成的威胁；
- 机器人在生产中的使用将对供应链的结构产生影响。

机器人的崛起

仓库自动化的步伐正在加速。机器人已经存在了一段时间，但需求端和供应端的各种趋势正在推动机器人获得更广泛的应用。

最重要的是，电子商务使许多零售商采取了全渠道和多渠道销售策略，这使得供应链中产品数量的特征由集中且可预测的转变为分散且不确定的。与此同时，许多新企业出现了，它们开发了为线上零售客户定制的新型配送中心，向既有市场参与者发起了挑战。

另一个推动因素是劳动力成本上升及劳动力短缺。自动化不愧是提高仓库效率的良策，它减少了对人力的需求，提供了更多的灵活性，通过模块化的系统实现动态扩展，而且能够适应业务旺季和淡季的不同需求。

除了劳动力成本，自动化还降低了地租成本，在没有人员的环境中通道可以变得更窄（或完全没有通道），从而使储存密度变得更高。

更重要的是，机器人正变得越来越强大，而价格却在下降，这使得小客户也可以承担得起。一些供应商正在开发针对机器人的 SaaS 解决方案，这些解决方案采用按次收费的收费方式，帮助客户免去了一大笔资本支出。

在仓储这类劳动密集型行业推行自动化将会对很多方面产生深远的影响。当然，这些都发生在宏观层面，对就业造成的冲击会直接影响当局的政策制定。物流服务提供商的收入主要源于管理及提供劳动力，它们会受到极大的冲击。

机器人的类型

整个自动化领域（包括传送带和叉车等物料搬运设备）取得了长足的发展，但机器人带来的影响力可能是具有革命性的。有几类机器人已投入使用。

物料运输机器人

AMR——在仓库环境中移动物料的机器人。它们与人类和叉车一起工作，使用预先编制的仓库地图。它们利用激光和摄像头等传感器与环境进行互动。其平均成本在 3 万美元以上。

AGV——另一种物料运输机器人，它们使用电线、磁条或传感器开展作业，但仅限于特定路线，适用于大量和要求一致的重复性运输工作，不灵活且无法跨越障碍。

虽然 AGV 已经存在了很长时间，但 AMR 很可能会成为物料运输机器人的未来，因为它们具有更高的灵活性，不需要专门的基础设施就可以工作，而且总体成本更低。

混合系统会使用自动驾驶推车，它们可以领着工人在仓库内移动，并告诉他们哪里需要补充库存，什么时候在运输工具上装什么货物。该系统的优点是仓库本身不需要很多的投资，机器人的成本较低。

协作机器人

协作机器人（Collaborative Robot）是用来辅助工人作业的，通常部署在存在大量重复性工作的地方。它们被工人“训练”之后可以承担某项任务，不需要进一步的干预（除了维护）。协作机器人与通用机器人的区别在于，前者可以再培训，而后者的灵活性较差，除非重新编程（一个更复杂的过程），否则只能完成单一任务。协作机器人通常用于包装环节（如打包、密封和装箱）或拣选与放置环节。

自动拣选机器人

机器人拣选技术依赖于机器人能够抓取和活动的手臂的发展。许多公司的最终目标是完全消除人工拣选。日立公司（Hitachi）开发的双臂机器人可以通过摄像头识别多种物品，工作速度比它的前任更快。

物流行业中的机器人

虽然大多数机器人都可以归入上述类别，但它们的使用方式却有很大的不同。亚马逊使用机器人将拣选面送到工人面前，这样一来他们就不用沿着通道走到正确的拣选位置了。目前，亚马逊分布在全球的 25 个物流中心已经有 8 万台机器人在作业。

这样的自动化使亚马逊能够以比人工低得多的成本达到行业领先的服务水平。据估计，它可以使拣选速度比手动系统快两到三倍。亚马逊表示，完成拣选所需的平均时间已从 90 分钟缩短至 15 分钟。在美国，这使得它可以将隔天送达服务的最晚订购时间从下午 3 点推迟到午夜，从而实现了这项业务的惊人增长。

这项解决方案仍然需要人工参与：不仅需要拣选人员，还需要卸货、拆箱和把物品放到货架上的工人。然后，这些架子被机器人运送到一个无人区域，等待另一个机器人来收集。2018 年，亚马逊的员工数量增加了 13%，增至 61.3 万人。

亚马逊所采取的战略非常特别。还有许多其他的制造商也在尝试使用机器人，其中最著名的是美国的 Rethink Robotics、Locus 和 Fetch 及总部位于新加坡的 GreyOrange，后者主要关注印度市场。阿里巴巴使用的系统与亚马逊的系统类似，该系统使用机器人抬起成堆的箱子，然后把箱子搬到工人面前。

英国公司奥凯多多年来一直是开发食品杂货机器人的先驱。杂货线上零售业面临着不同的挑战，因为在亚马逊模式下，每次发货所需拣选的商品数量相对较少。奥凯多的管理人员声称，机器人会在一个特别设计的无人区域来回穿梭，它们可以在几分钟内拣选 50 件商品。

敦豪速递等物流公司已投入巨资试验不同的解决方案，包括广泛使用协作机器人。例如，该公司已将 Rethink Robotics 的协作机器人 Sawyer 应用于英国的包装业务。

人与机器人

在仓库环境中工作的工人数量仍在增长，但他们的角色已经发生了变化。高强度的重复性工作最适合自动化。这意味着人的地位可以变得更高，而且人可以获得更大的成就感。例如，工人原先的职责是堆垛集装箱，这是一项体力活，非常累人，但又是必不可少的，而现在他们成了机器人的监督者。

RK 物流是一家总部位于美国的物流公司，该公司已经成功试用了物料运输机器人。该公司表示："在过去 6 个月里，机器人在我们的仓库里运送了 4 500 件货物，这意味着我们的工人无须运送货物，相当于消除了长达 1 000 千米的运输距离。通过将普通的运输任务转交给机器人，我们正在解放员工，让他们从事更有价值的工作。"管理层表示，几个月之内即可收回投资成本。

目前来看，工人在仓库里的工作并没有受到威胁。由更高的效率创造的经济价值带来了对更多工人的需求，而不是更少。事实上，工作变得不那么单调乏味和耗费体力，这应该是劳工组织欢迎的。

然而，有两个事实是不容忽视的。首先，因为亚马逊和其他电子商务公司提高了仓储效率，进一步拉大了它们与众多实体零售商之间的距离，所以它们雇用员工是以牺牲零售业及其配送系统的就业为代价的。这说明就业岗位正在向亚马逊等公司转移，而非增加社会的总体就业数量。尽管没有更多的数据证明这一点，但随着许多就业岗位被自动化取代，就业人数必然会出现负增长。

其次，机器人的价格越来越便宜，这意味着最终所有的工业部门都能使用它们。与此同时，人力成本正在变得越来越高，世界各国政府都在加强用工条例，企业只有在不得已的情况下才愿意雇用更多的员工。相比之下，不需要休息、健康保险和假期的机器人可以连续 24 小时孜孜不倦地工作，许多公司对此非常欢迎。政府如何应对由此带来的社会问题和税收损失是另一个需要解决的问题。事实上，这也是亚马逊要直面的问题。该公司受到美国许多州的青睐，获得了税收优惠，因为它承诺将创造许多工作岗位，增加当地的就业机会。假如自动化导致仓库中的工作岗位减少，各州政府或许会取消税收优惠。

为了了解机器人的经济价值，以及它们取代人类的可能性有多大，我们很有必要核算它们的成本。这并不容易，因为机器人的价格取决于：

- 复杂性；
- 载荷能力和范围；
- 所使用的工具；
- 运行所需的复杂软件；
- 学习界面。

普及型协作机器人的成本约为 3 万美元，但如果是定制的，其成本可能高达 10 万美元。虽然这听起来可能很贵，但据称一台协作机器人在一条生产线上可以代替两个工人，因此投资回报率很高，经济效益很明显。投资成本通常可以在 6~12 个月内收回。

仓库设计与仓储需求

引入机器人不仅可以减少工作人员，还可以使仓库的布局变得更合理，因为过道可以变得更窄。储存密度的提高意味着同样容积的仓库可以容纳更多的货物。

然而，这并不是一件很容易的事情。房地产公司世邦魏理仕（CBRE）的一份报告指出，美国仓库的平均使用期限是 34 年。许多仓库的天花板低矮，地面凹凸不平，这些条件使自动化仓库的设计面临重重困难，落后的基础设施阻碍了物料运输机器人的使用。

行业对新仓库的需求量巨大，仅在过去 10 年里，美国就开发了约 9 290 万平方米的仓储面积。不过，世邦魏理仕估计，这仅占总仓储面积的 11%，由于可用建筑严重不足，自 2016 年以来，开发用地价格飙升了大约四分之一。

物流服务提供商的未来

仓库自动化程度的提高将改变物流服务提供商的性质。如果配送中心不再需要管理大量的劳动力，那么它们将发挥什么样的作用呢？

物流服务提供商可能会扮演资金池的角色，为客户提供机器人设备，就像敦豪速递提供的包装加工服务。但同样有可能的是，客户实际上更容易获得廉价资本，而且可能希望从许多投资市场提供的税收优惠中受益。

正如前文所述，一些机器人制造商现在提供“机器人即服务”（Robotics

as a Service，RaaS），这种服务将机器人应用集成到网络与云计算环境中，从价值链中剔除了物流服务提供商。机器人采集的数据（例如，拣选的物品的数量和位置或剩余库存水平）可以根据用户需要进行共享和检索。机器人本身的性能数据也可以共享，作为设备维护计划的参考。

观察一家收入为 1 500 万美元（不含运输）的欧洲配送中心的实际损益表，我们可以看出：这种合同物流服务可以被视为一种管理劳动力的运营模式。在业务的净收入中，工作人员的工资和福利支出为 640 万美元。设备折旧费用仅有 20 万美元，租用成本为 120 万美元。事实上，从其他各式物流合同来看，人工成本约占整体收入的三分之二。

从财务角度来看，在未来几年，工资和福利支出在损益表中可能会减少，而资产（如机器人）的折旧将会增加。

值得注意的是，这个例子仅针对专属的外包合同。对于非专属的外包合同，即多用户共享的外包方式，自动化所带来的影响更加复杂。专属外包合同中的许多成本可以被转嫁给客户，但在多用户共享环境中，物流服务提供商可能要承担更多的风险。物流服务提供商投资于机器人，以提高配送中心各环节的生产效率，这种做法是合理的，尤其是在劳动力短缺且成本高昂的地方。但是，假如业务量低于预期，物流服务提供商将会承担短期的财务风险。不过，它们在未来的竞争中将持续保持优势。

无论物流服务提供商与客户之间的关系如何，仓储效率的提高将对整个行业的收入产生有利的影响。美资银行詹尼资本市场（Janney Capital Markets）表示，美国零售商配送成本将下降 4.5 亿美元至 9 亿美元，降幅为三分之一。物流公司可能仍会在利润率方面受益，但要想实现这一点，它们必须改变运营模式，专注于自身的增值业务。

供应链中的机器人

机器人的广泛应用使物流行业自动化的水平不断提升，其对物流公司业务的影响不亚于在仓库中使用机器人所带来的影响，尤其是因为这可能引发全球贸易格局的转变。如果机器人使我们不再需要借助低成本劳动力市场进行生产，全球化的一项重要驱动因素将不复存在。

机器人在生产线上的经济性可以用培训工人的成本与机器人的作业绩效评定权衡。不过在以前，廉价劳动力的灵巧程度往往是超过机器人的。

制造业的发展使机器人变得更便宜、更灵巧，与此同时，人工变得更加昂贵。最终的结果是，越来越多的机器人出现在生产活动中，尤其是在高科技制造业。

随着生产线和协同制造网络的出现，智能设备和机器人将被用来支持更快捷、更敏捷的生产。辅助系统运行的通信网络需要具备足够大的容量，要以非常安全的方式在千兆比特的速度下运行，所有这些都告诉我们制造业的未来将变得非常不同。案例研究 8.1 介绍了机器人对时装供应链的影响。

案例研究 8.1

颠覆时装供应链

服装业目前正在积极采用本书探讨的各种创新举措，在线上销售领域展开了激烈的竞争。例如，耐克就是一家使用 3D 打印为特定人群定制运动鞋的制造商。阿迪达斯和其他主要运动服装品牌一样，也在这一领域进行创新。目前流行使用的不仅有 3D 打印，机器人、App 和高清光学都得到了开发利用。

中国的一家大型合同制造商在美国建造了一座工厂，该工厂拥有多条由智能缝纫机器人（Sewbot）操作的生产线。这些机器人裁剪衣料，为德国的阿迪达斯生产T恤，速度快得令人难以置信。这些机器人每22秒就可以用柔软和有弹性的布料裁剪和缝制出一件新衬衫，这在几年前是无法想象的。它们还可以根据市场需求迅速地修改设计。

亚马逊被认为在这个方面处于领先地位。该公司正在尝试使用前文提到的技术来定制服装。通过高清晰度摄像头和智能手机上的App，顾客能够对自己进行精确的拍照、测量。这让商家获得了客户的完整尺寸信息，商家根据客户指定的款式进行裁剪、缝制和加工，然后由就近的工厂迅速交货。

这对物流公司的影响是显而易见的。这种创新一旦成功，将使亚洲、欧洲和北美洲的服装运输市场发生重大变化，并对航运、航空货运和货运代理业产生负面影响。然而，最大的受益者将是快递公司和提供最后一公里交付服务的公司，还有物流服务提供商，因为生产地点已经与终端用户最大限度地靠近了。

总结

自动化技术尤其是机器人将在21世纪20年代中期使仓库环境面目一新。这个行业距离无人的全自动化还有很长的一段路要走，但随着机器人变得更廉价、更普及，仓库工人的职责将会改变。机器人创造的价值是否会带来就业岗位的增长还有待观察，但随着零售岗位被商业化的仓储功能取代，劳动力需求的下降似乎是不可避免的，而留下来的员工的工作级别可能会提升。

尽管物流服务提供商在未来数年内仍将是必不可少的，但它们提供的服务将会改变。随着劳动力变得不再那么重要，企业将关注自己能为供应链带来哪些价值。这会影响总收益，改变物流服务提供商的损益表。更重要的是，这也将改变它们与客户之间的关系。

THE LOGISTICS AND SUPPLY CHAIN INNOVATION HANDBOOK

Disruptive Technologies and New Business Models

第 9 章

供应链中的区块链

本章将介绍：

- 区块链的概念；
- 区块链的发展阶段；
- 区块链将为供应链参与者带来哪些好处；
- 供应链和物流行业的哪些领域将会应用区块链；
- 区块链应用案例；
- 区块链在促进智约合同方面的作用及其对整个行业产生的影响；
- 采用区块链需要解决哪些问题。

什么是区块链

本章将介绍区块链，内容包括它是什么，它是怎样工作的，它在物流和供应链行业的应用潜力有多大。TI 在 2018 年做的市场调查显示，超过一半的受访者认为区块链是“游戏规则改变者”（见图 9.1）。

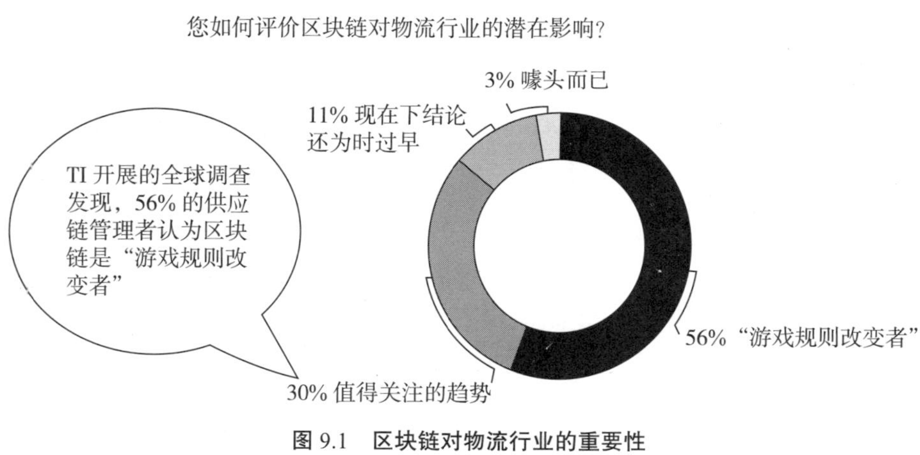

图 9.1　区块链对物流行业的重要性

区块链是一个永久性的数字记录（或称分类账），它存储在一个分布式或去中心化的计算机网络中。链接在一起的块是用密码加密的交易记录。区块链不是被分割存储到多台计算机中，而是被完整复制到每台计算机中，以确保信息的一致性。

以目前的技术来说，每台计算机仍需存储整个区块链，这有一定的局限性。人们已经做了大量的研究来开发解决方案，让计算机不存储整个区块链，而是随机地查询，以判断某笔交易是否正确。

虽然有一个明确的主记录，但在一个公有区块链中，涉及的计算机不被任何一方或一个组织所拥有或控制。支持区块链的计算机网络独立地确认、验证和记录交易，通过协商一致确保可信。这是一种替代方案，取代了由位于所有参与者之间的第三方（如银行或交易所）为交易做担保的传统方式。这保证了一旦在区块链中确认，交易记录就不能被修改，除非每台计算机（也被称为节点）或网络中的大多数计算机都同意同时修改。这是因为涉及的区块链网络由随机数量的计算机组成，其不可能由单方面加以篡改。这意味着公有区块链很可能是最受信任的，也是更加安全的。

相比之下，私有区块链要求参与者注册并遵守区块链所有者制定的规则。这引出了一个问题：为什么要选择私有区块链，而不是围绕中央数据库构建传统的解决方案呢？这可能类似于互联网的普及过程。最初，许多公司使用支持互联网的技术来构建自己的内部网。在创建了这些“带有围墙的花园”（通常是出于完全正当的理由）之后，它们很快意识到开放的（公有的）互联网将带来更多的功能，“带有围墙的花园”很快就开放了。如今，一些公司（如银行）只是根据业内的法律要求保留自己的内部网。

现在有许多非常大的组织聚集在一起，围绕区块链促进跨行业的协作。Linux 基金会的 Hyperledger Fabric、R3 的 Corda 和微软的 Coco 都是这样的例子，亚马逊云服务（Amazon Web Services，AWS）也即将进入这个市场。

尽管出现了这类平台，但目前还缺乏针对供应链的完整的区块链解决方案或方案提供商。换言之，对于区块链技术及使用何种加密技术，大家尚未达成共识。随着技术的进步，很可能会出现一个可靠的标准。缺乏这样的标准会增加复杂性，导致信息交互受到阻碍，进而影响区块链在供应链中的应用。

时间表：区块链的四个发展阶段（见图 9.2）

1. 在基本阶段或区块链的导入阶段，重点是利用技术的序列化能力。最典型的使用场景是生命科学行业使用该技术进行审计追溯。

2. 区块链在行业解决方案中得到应用。其中一个使用场景是金融供应链，该技术被用于创造新产品或新服务，降低成本，消除摩擦。

3. 汇总和扩充区块链收集的数据，并将其与其他数据（如库存数据）联系起来，以促进做出更好的决策。

4. 边缘计算中的区块链，是指从基于云的集中式解决方案转向边缘计算的回归趋势。通过边缘计算，企业可以开发大量的处理能力。当前的云计算模式并不能应对 IoT 产生数据的数量和速度。这一发展趋势催生了对新的基础架构的需求。

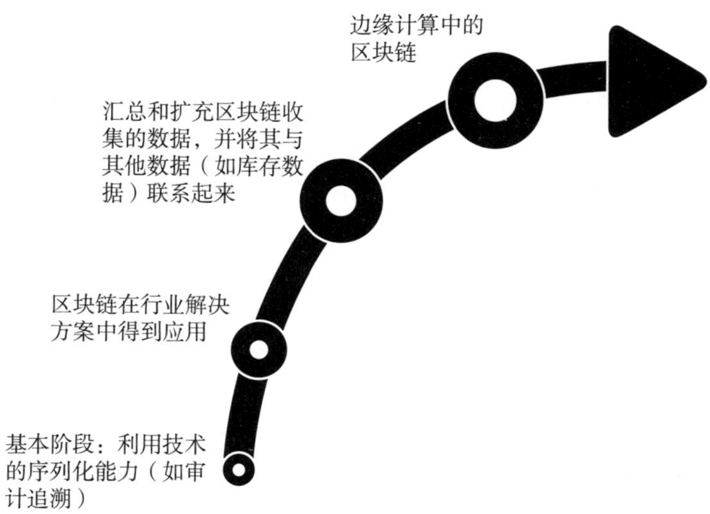

图 9.2　区块链的四个发展阶段

许多公司仍在收集关于区块链及其影响的信息，具有真才实学的技术专家同样严重匮乏。但随着全球范围内的研究兴趣和试点项目的激增，这种情况正在迅速改变。区块链仍在发展，尤其是每秒可以处理的交易数量正在迅速地增加。这与数据块的大小、存储空间和带宽限制有关。这些条件应该会随着时间的推移而得到改善。

区块链在物流和供应链行业中的潜在应用

区块链在物流和供应链行业的许多领域都得到了应用，最主要的目的是降低成本。目前对行业的估计表明，10% 的货运发票存在数据不准确的情况，包括重复、错误收费及不合规的计费。

这导致了行业中的各种争议和效率低下的问题。区块链的优势之一是它可以支持更精简、更自动化和无差错的流程。

区块链还将对国际贸易产生重要影响。作为内嵌规则，智能合约是在区块链中存储和执行的应用程序。这些协议或合同被嵌入业务规则，与任何集中化的控制机制无关，独立存在并运行。一旦合同被存储在区块链中，它就是不可变、不可逆、不可被篡改的，也就是说，不存在被黑客加以利用和攻击的可能性（更多细节请参阅第 15 章）。

其他的应用场景包括：

- 资产跟踪；
- 提供供应链各层级的整体可见性；
- 建立问责制；
- 确保流程一致性；
- 改善供应链之间的协作。

区块链在供应链中的应用实例

IBM：资产跟踪

IBM 发现了使用区块链改进资产管理系统的机会。区块链将采集所有交易信息，并记录一项资产从制造到安装部署的过程中发生的变化，包括那些发生在 IBM 系统之外的变化。区块链将为 IBM 及其供应链合作伙伴提供资产信息的真实来源。这样一来，资产在供应链各个环节之间移动时，对所有的利益相关者和系统都将呈现为高度透明的状态。

可见性：起源和产地

OriginTrail 协议允许在多组织供应链之间交换各自的数据集。输入和共享数据基于一组通用的数据标准，这些标准允许多组织（涉及产品生产、配送或零售的公司）相互交换数据。

原产地信息赋予了制造商、卖家、买家充分的知情权。原产地平台让买家能够深入地了解产品生产流程中的人、地点和流程。数据验证功能允许经过验证的企业和供应链进行索赔。这让消费者对购买该产品的企业愈加信任。每个批次甚至单件商品都有自己的数字护照，买家可以从头到尾跟踪经过数字验证的流程。

改进整个供应链的协作

一家业内领先的物流服务提供商建立了一个平台，为其客户提供更长的付款期限。针对这个领域，该供应商发现客户有新的需求，于是和区块链供应商合作建立了该平台，从保险公司和银行那里获得成本低廉的资金，以延长付款期限。区块链应用为银行和保险公司提供了更简单方便的管理程序，以及更好的审计追溯和验证，这免除了审计成本，最终让它们可以向物流服务提供商提供更低的融资利率。目前，该解决方案专注于应收账款。不过，该公司希望扩展这种协作关系，把其他类型的数据和客户信息也纳入其中。这对银行和保险公司也有价值，可以让它们的放贷方式更安全。

你需要区块链吗

- 不要把区块链解决方案视为既有解决方案的替代品。既有解决方案是围绕着一个中央数据库构建的，能持久可靠地工作，并且不会把数据泄露到组织之外。
- 如果访问用户的身份是已知的，很少变更，那么区块链并不适合用于控制或身份验证。
- 不要考虑使用区块链进行数据存储。区块链是一个非常低效的数据库，如果需要解决存储问题，区块链并不是合适的解决方案。
- 如果你需要采集和共享来自不同供应商、合作伙伴和客户的不同数量级的数据，请务必考虑使用区块链。如果有许多人彼此不认识，甚至是竞争对手，则须使用一个经过验证的、不可变更的、准确的、单一版本的信息。例如，某供应链层级较多，其中的企业需要确保整条供应链的可跟踪性，此时使用区块链尤为适合。
- 假如正在为组织建立、审查或替换 IT 策略，则可考虑使用区块链。

区块链的工作方式

区块链是一个分布式的记录数据库，创建时会单独地标记时间，并分成相互链接的数据块，就像链条中的每一个环（见图 9.3）。数据块不能被退回修改。进入区块链数据库的每笔交易都必须经过特定范围内跨网络协作的每台计算机的一致性验证（认证）。

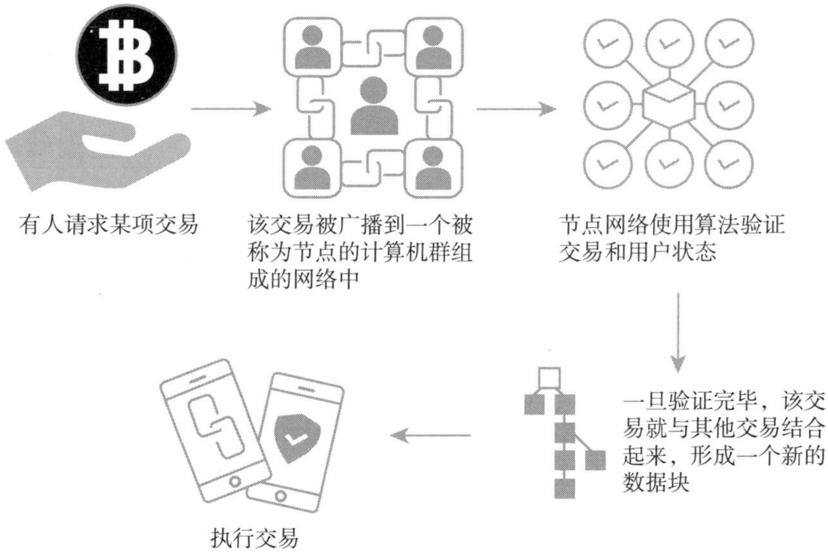

图 9.3　区块链的工作方式

认证是指使用唯一的加密密钥进行签名。由于所有交易都是通过这种方式进行身份验证的，所以用户可以在任何时间查看所有交易的状态。

对区块链中的既有交易记录的任何修改或更新操作，都需要大量参与该交易验证的计算机的同意。为了在交易被修改后保持区块链的完整性，在添加新的数据块之前，必须在区块链中的每个后续的数据块上重复这个过程。考虑到参与验证的计算机不受单个机构的控制（注意，所有计算机的操作都是一致的），并且不断地向区块链添加新的交易记录，因此要篡改历史记录几乎是不可能的。

为了使这个概念不那么抽象，我们可以设想这样一种库存管理系统，它永远包含真实世界的精准数据，没有重复、错误或伪造的信息。区块链提供了这种可能性，不仅可以用于库存，而且可以用于物流运营的诸多方面。

确保供应链的完整性

供应链正在不断地演变和进化，以应对制造与配送领域发生的变化。随着电子商务的加速发展及其对许多行业的持续渗透，传统的供应链结构正在与时俱进，努力适应新格局。其中很明显的一点是，支持传统供应链的信息系统难以跟上变化的步伐。在数字时代，大量数据仍然处于封闭状态，没有被充分共享。

这导致了信息流的中断及数据块的丢失。移动设备和附加在库存和资产上的传感器在供应链运营过程中所产生的大量数据被忽略。这是因为，人们在设计支撑供应链运营的操作系统之初就从未考虑过它将在一个万物互联的世界中运行，其将从各个方位不断生成海量的数据。正是这种信息的碎片化使增强整条供应链的可见性难以实现。

在许多领域中，供应链已经变得更快捷、更分散，供应链参与者并没有直接的责任关系。它们或许只是供应商的供应商（的供应商……），但它们的行为直接影响着供应链的效率。区块链只是让这些参与者对其行为负责的工具之一。将供应链中的信息流记录在区块链上，就可以建立起不争的事实依据，从而提高整条供应链的透明度。

在中国，食品供应链的透明度受到了高度关注，已经有几个试点项目测试了区块链解决方案的适用性，其中不少已经被应用于生产流程。消费者可以在任何时候通过扫描超市或当地商店中产品的条形码来获取详细信息——从农场到各个转运环节的实况记录。案例研究 9.1 介绍了将区块链引入食品供应链的组织。

案例研究 9.1
食品供应链

食品供应链正变得日益复杂，不仅经常会发生调整，而且依赖于大量的供应商，因此透明度是保证食品质量和消费者食用安全的关键，但提高食品供应链的透明度并非易事。事实上，食品生产商和零售商几乎无法保证产品的原产地。事实上，根据《洛克顿食品饮料 2017 报告》（*Lockton Food and Beverage 2017 Report*），32% 的食品零售商高管表示，他们无法保证最终产品中的配料的真实性。

考虑到上述问题，在该领域提出引入区块链的倡议也就名正言顺了：

- IBM 联合沃尔玛和京东在中国推出了区块链食品安全联盟。10 家食品供应商和零售商表示有意合作，它们是多尔（Dole）、德里斯科尔（Driscoll）、金州食品（Golden State Foods）、克罗格（Kroger）、麦考密克公司（McCormick and Company）、迈克莱恩公司（McLane Company）、雀巢（Nestle）、泰森食品（Tyson Foods）、联合利华（Unilever）和沃尔玛。
- 使用以太坊（Etherium）和比特币（Bitcoin）的区块链平台跟踪产品的原产地和真实性。目前，它们正在与零售商合作对生鲜食品进行试验。
- OriginTrail 开发了第一个基于区块链的中间件协议，该协议旨在促进供应链中的组织进行数据交换。该公司开始与科学实验室合作，利用现代分析和科学技术分析不同批次食品的样品，以验证食品供应链的可信度。

由于企业可以访问供应链流程中每个阶段产生的数据，整体成本得以降低，无论出现任何问题，企业都可以快速地做出响应。精确的识别是区块链透明度的价值体现。这种能力通常只能通过先进的跟踪系统获得，而这些系统只在物流服务提供商的业务范围内运行。当货物或库存的保管权被移交给合作伙伴时，系统的性能会受到挑战，因为后者很可能只提供货物的编码，不提供包含环境信息的数据集。

一个合适的区块链方案可以展现整条供应链的各个层级采集的所有相关信息，而不用考虑相关方使用的不同系统。事实上，它可能是供应链经理们数十年来一直在寻找的“包含所有事实的信息集合”。

当然，信任是信息共享活动的核心问题。这也是特别有争议的地方，因为彼此竞争的厂商可能使用相同的供应链，或向相同的供应商采购原材料。作为一个中立的平台，去中心化网络鼓励数据交换，同时使用加密技术来保证数据的安全性和可访问性，而且只把这些权限开放给被授权方。

案例研究 9.2 介绍了组织如何与区块链协作及如何部署区块链。

案例研究 9.2

区块链部署实例

GS1 在托盘网络中的试点项目

2018 年 4 月，德国公司 GS1 宣布启动物流行业内的大型区块链试点项目。多家领先公司将参与区块链技术测试，测试如何以数字化、透明且有效的方式管理欧洲的托盘网络。在零售业，参与该计划的有迪姆药妆（dm-drogerie markt）、考夫兰特超市（Kaufland）、莱克兰公司（Lekkerland）和马康特（Markant）。此外，拜尔斯多夫（Beiersdorf）、多尔欧洲（Dole Europe）、欧特克博士（Dr. Oetker）、加特纳雷·乌伦堡（Gärtnerei Ulenburg）、林戈普拉斯特（Ringoplast）和沃恩辛食品家族（Wernsing Food

Family）主要在生产环节参与其中。物流行业的主要参与者包括集装箱中心（Container Centralen）、德国联邦铁路（Deutsche Bahn）、欧洲托盘协会（EPAL）、PAKi物流（PAKi Logistics）和德迅（Kuehne+Nagel）。

马士基与IBM成立合资公司

马士基（Maersk）与IBM宣布成立一家合资公司，提供基于区块链进行全球贸易的更高效、更安全的方法。该公司的目标是提供一个开放的、以全球运输生态系统为基础的数字化全球贸易平台。

该公司最初计划将两项核心能力商业化。第一项核心能力是实现全球供应链端到端的数字化。建立一条运输信息管道将使供应链管理者能够安全、无缝地实时交换运输业务信息。第二项核心能力是无纸化贸易。

这将使最终用户能够安全地跨边界提交、验证和批准文件，从而实现文件归档的数字化和自动化，这有助于减少通关和货物运输的时间和成本。

联合利华与森宝利的区块链试验

联合利华与森宝利（Sainsbury）宣布启动一项试验，以测试区块链是否有助于建立财务激励机制，提高供应链的透明度和可持续性。它们隶属同一个组织，该组织还包括科技开发公司Provenance、Landmapp、FOCAFET基金会和Halotrade公司，同时，英国国际发展部（Department for International Development）、赛皮（Sappi）、巴克莱（Barclays）、法国巴黎银行（BNP Paribas）和渣打银行（Standard Chartered Bank）也参与了这个项目。这个为期一年的项目将通过为联合利华和森宝利供应茶叶的马拉维茶农提供共享数据系统开展概念测试。该系统还将被用于跟踪茶叶包装所使用的材料。

敦豪速递在制药供应链中试验区块链，避免假药

敦豪速递正在试用区块链，试图解决制药业配送环节的假药问题。该项目可以使敦豪速递有能力跟踪制药供应链——从起点（药厂）一直到消费

者，防止药物在途中被掉包。区块链还有助于防止运输过程中发生差错，确保供应数据准确无误。它基于一个跨越六个区域的序列化系统，它可以向所有利益相关者共享所有信息，这些利益相关者可以是制造商、原始仓库、经销商、药房、医院或诊所。它可以处理超过70亿个独特的序列号，每秒可以处理1 500笔交易。

区块链试验在新加坡的成功

随着2017年谅解备忘录的签署，太平洋国际航运公司（PIL）、码头运营商PSA International和IBM在IBM区块链平台上进行了概念验证试验。该试验测试了一个基于区块链的供应链平台，通过南部运输走廊跟踪从重庆到新加坡的货物运输。该试验的核心目标包括实时跟踪，多式联运物流服务预订流程透明可信、合规及参与者访问权限控制。该试验被认为是非常成功的。

建立信任

信任是商业关系的黏合剂。在所有的供应链中，信任是通过一系列的合同和具有法律效力的协议来实施和体现的。这些相互信任的关系是长期建立起来的，并成功地提供了补偿和解决争端的机制。然而，鉴于当今许多供应链的分散性及其运作速度，建立一种全新的信任模型是非常有必要的。

既有信任模型几乎总是以第三方保障为基础而构建的。例如，一家银行通过经纪人管理买卖双方之间的交易，为交易双方或外汇市场之间的资金转移提供担保。在这些情况下，需要引入第三方验证和确认交易。这种方法的效果通常很好，但在效率和成本方面略有欠缺。

区块链取消了交易中的第三方保障。因此，在有许多参与者需要建立关系和转移资金的商业环境中，区块链可以提供一种信任机制，通常可以用于在时间紧迫的条件下的首次合作。

它通过一个共识模型来实现该目标，该模型将信任分布到整个网络中，基于数学和密码学来营造可信环境——一个由所有参与者的共识担保的可信环境。实际上，它正在用协商一致的规则来取代以往由中介或仲裁机构验证交易的做法。简而言之，网络提供了参与方的共识基础。

该模型记录了向区块链发送数据和信息一方的身份。因此，在追责的过程中，这一方无法辩称“这不是我做的”。

区块链信任模型在很多方面都是重大创新，因为它重新定义了信任的含义，以及它如何为大规模数字交易服务。

TI 的一项研究表明，所有受访者都一致认为，未来区块链能够解决供应链中的信任危机。根据 IBM 的说法，“去中心化的组织鼓励更多的参与者，随着事实在网络中传播，争议的发生概率将被降至最低”。

航运业有一些很好的试点项目（参见前文），这些项目探索了基于区块链的平台如何减少纸质文档和基于纸质文档的信息交换。通过简化许多流程，有望实现效率提高和成本降低。

虽然使用区块链有助于减少供应链中纸质文档的数量，但区块链不太可能使既有流程完全消失。手工作业很可能会继续存在，但同时组织会受到激励，将流程数字化，从而通过数据获得经济利益。

区块链与错误数据

参与区块链的各方需要记录其交易。例如，一旦承运商将货物交付到仓库，有关货物的详细信息就会被记录到区块链中。在仓库收到货物后，仓库接收人应记录相同的信息。双方都看不到对方的报告内容，计算机会核实它们提供的资料是否一致。事实上，这正是区块链为什么能改变供应链的关键所在：它能让供应链的相关方识别可能出现的问题，因为每一方都可以随时看到正在发生的事情。总体来说，节点越多，将错误信息放到区块链中的难度就越大。

此外，流程越自动化，篡改数据的难度就越大。实现供应链流程的数字化之后，用户可以直接从传感器（如卡车上的传感器、温度传感器等）获取相关信息，并将其输入区块链。如果一个流程涉及许多产生或共享数据的系统，并且这些数据来源于一个既有系统，那么该流程很显然具有可行性，而且是可信赖的。敦豪速递前高管马克·帕森斯（Mark Parsons）表示：

> 当用纯文本作为数据时，有时会传递错误的信息。虽然纯文本是必要的，但应该更多地使用由计算机生成的数据。GS1 条形码可以在大多数消费品上找到，当你有了一个十分可靠的数据集用来识别产品的方方面面时，它就是高度可信的。所以，假如不小心在文本中把一罐豆子描述成了一罐发胶，但是条形码明确表明这是一罐豆子，你就很清楚什么才是值得信任的。

从这类系统中得到的数据越多越好，因为这些信息具有更高的准确性。“从农场到餐桌”的食品供应链就是一个例子。这个平台包含太多的检查点和自动化度量系统，所以插入错误的数据几乎是不可能的。随着制造和预订流程自动化水平的不断提高，应该把类似的严谨性普及到其他供应链中。

区块链与智能合约

区块链的另一个应用是定义智能合约。这些协议或合同被嵌入了可以独立存在和运行的业务规则。它们可以作为确认所有权、业务生命周期及相关的价值存储的记录系统。

其功能实际上是自动执行的，类似于计算机应用程序（或 App）。它们存储在系统中，并根据嵌入其中的各种规则自动执行。因为它们存储在区块链中，所以很难去篡改或破坏与合同相关的交易。

一个可能的使用场景是用智能合约标识注册资产。根据合同的定义方式，合同将记录资产的使用方式和租赁方，还可以通过每笔交易计算出损益，然后反映资产总值的变化。这为企业提供了支付维修费用的依据，或者为资产所有者提供了评估回报的依据。智能合约具有分散性，它不是由任何一方独立拥有的，相关信息只存在于区块链中。

这个方面的另一个应用案例是自动交付车辆组成的车队，它们受区块链智能合约的控制，任何人都可以在城市地区使用这些车辆。车队独立进行租赁、运营和融资，随时可以作为一般资源使用。这种方式与云计算的兴起相呼应，云计算提供了可以根据需要租用资源的通用平台。

区块链的问题

区块链当然可以创造价值，但每种技术都有其局限性，区块链当然也有短板。

延迟与可扩展性

所有区块链解决方案都面临可扩展性问题，只能支持有限的交易输入量。延迟是指在区块链中确认交易所花费的时间（即在区块链中创建数据块并进行确认和验证所花费的时间）。在2018年，这个时间大约是10到15秒。关键在于，与信用卡和银行的处理系统不同，向区块链添加记录更类似于使用航空预订系统，这些系统将订单提交到数据库可能需要几秒的时间。随着技术的进步，这些系统的速度很可能会进一步提高。

成本与能源消耗

目前，验证区块链需要庞大的计算能力。这涉及用于设备制冷的巨大支出，你会看到许多处理这些交易的大型服务器集群位于能源便宜和气温较低的国家和地区，如冰岛、斯堪的纳维亚、加拿大北部、西伯利亚等。

监管缺失

与所有的新兴技术一样，区块链的合法性在很大程度上仍是一个灰色地带。一些法律框架正在形成，例如，斯洛文尼亚因采用区块链记录受欧盟法律约束的合同而被视为这一领域的先驱者。不过，情况完全明朗还有待时日。

这意味着在一段时间内解决争端仍是一个问题。但这绝不是停止不前的理由，而是意味着在做出重大投资时必须谨慎行事。自动驾驶（无人驾驶）和无人机也面临类似的情况。项目仍在进行，但法律的边界在不断地变化。

数据质量

确保数据质量，即获取尽可能接近源头的数据并确保其准确性，是一个很大的难题。组织和供应链管理者需要对数据质量进行审计，这对许多新兴系统和技术的高效运作是至关重要的。如果可以定期对供应链中的数据进行随机质量检查，就可以避免错误数据造成的负面影响。

缺乏知识

与所有的新兴技术一样，区块链相关知识目前仅掌握在早期的实践者手中。不过，这种情况将随着试验项目的持续增加而改善。

幸运的是，现在开发人员的协作性更强了，许多关键的开发项目都是开源的，在社区内共享。这与互联网协议和万维网在全球范围内的传播方式非常相似，不受私有企业制度的控制。当然，组织为了自身利益如何利用这些技术可能仍然是保密的，但是基础技术是开源的。

一家重要的物流服务提供商说，除了缺乏知识，文化认知是影响企业是否采用区块链的另一项关键因素：

当我们能够清楚地向客户阐明区块链的价值时，客户采用区块链的速度就会快得多。最终，当企业能够量化技术的价值时，它们将会更快地加入进来。时间是一个重要因素。企业正在采取一系列措施来尝试新技术，以创造价值。区块链只是其中的一种，在它被广泛接受和采用之前还需要一点时间，就像 IoT 一样。

鉴于前文提出的观点，明智的做法是谨慎行事，在通过较小的试点项目验证假设之前，避免对该技术进行重大押注。随着更多试点项目的开展，企业的信心将会增强，也会汲取经验教训。

区块链与通用数据保护监管条例

这是目前的一个难题，也是一个反映了善意的监管与技术发展之间矛盾的很好的例子，因为技术革新的步伐已经快过立法的速度。通用数据保护监管条例（General Data Protection Regulation，GDPR）的要素之一是“被遗忘的权利”，这意味着个人资料应当可以被删除，先前的副本不能被继续传播或再做处理。

从技术角度来看，区块链的设计确保了信息是不可变更的，并且不能被删除。因此，区块链在个人信息保护等方面有悖于通用数据保护监管条例。

区块链的发展前景

随着区块链和其他技术被供应链行业所采用，这些技术简化和加速信息流的能力不容忽视。开放的、中立的第三方技术平台（用于记录库存、订单和装运信息）被普遍接受将是转变的开始。这样的平台不受某个商业实体的控制，提供几乎无法篡改的、基于区块链的交易记录，很可能引发整个行业的变革。

展望未来，尽管供应链中的区块链应用案例将会非常丰富，但该技术最有前途的应用领域很可能是食品、易腐食品和制药业。换言之，区块链最有价值的应用案例将出现容易产生假冒风险的领域。

总结

区块链是一种永久性的数字记录（或分类账），它存储在一个分布式或去中心化的计算机网络中。这保证了一旦在区块链中确认，交易记录就不能被修改，除非每台计算机（节点）或网络中的大多数计算机都同意同时修改。

对于当今供应链技术中的各种问题，区块链并不是万能药。不过，它确实拥有很大的潜力来解决一些已经存在多年的难题，如供应链的可见性。

区块链提供了：

- 整体的透明度；
- 整条供应链的不可篡改性和交易完整性；
- 可扩展性，包容来自任何地点的几乎任何数量的参与者，确保可靠、可验证；
- 大幅降低运营成本的可能性。

人们对区块链的兴趣日益浓厚，很多人认为它有可能改变企业及其贸易伙伴。

目前，在许多情况下，部署区块链可能毫无意义。例如，基于中央数据库构建且由特定用户访问的应用程序就不适合部署区块链。但是，当许多公司需要与其供应商、合作伙伴、客户甚至竞争对手共享数据时，供应链的可见性将产生最大的吸引力，因此区块链是一个令人兴奋的可选方案。

请记住，区块链仍在持续发展，未来还面临着许多挑战，尤其是性能方面的挑战。但是，所有的新兴技术都会碰到同样的情况。只要这些技术能提高效率、创造价值，企业就能在采用、适应、发展的过程中取得成功。区块链的发展还处于早期阶段，回忆过往，当蒂姆·伯纳斯-李（Tim Berners-Lee）于1991年在他的服务器上发布万维网时，我们能够想象未来的互联网会变成什么样子吗？

THE LOGISTICS AND SUPPLY CHAIN INNOVATION HANDBOOK

Disruptive Technologies and New Business Models

第 10 章 数字物流交易平台

本章将介绍：

- 道路货运市场的效率低下刺激了数字货运平台的发展；
- 不同类型的数字货运平台；
- 规模化对平台和收费机制的重要性；
- 在欧洲、北美洲和亚洲的数字交易平台领域中领先的初创企业；
- 共享经济商业模式将使仓储业受益；
- 按需仓储的利与弊；
- 两大领先的数字仓储平台。

数字货运平台

正如第 2 章所述，当既有参与者无法解决行业效率低下这个问题时，就会出现颠覆者。道路货运业的效率低下可以用未充分利用的运力（即空载或部分装载）来衡量。当然，该行业还面临许多其他的挑战，包括：

- 市场碎片化程度；
- 承运商之间缺乏协作；
- 产品同质化；
- 缺乏对价格和运力的认识；
- 服务质量差；
- 技术投入不足；
- 手工流程；
- 纸质文档；
- 缺乏实时跟踪。

在欧洲和亚洲，由于各国市场彼此封闭，需要克服各种各样的规章制度、文化和语言障碍，这些问题日趋严重。在印度等国甚至存在内部壁垒，这些国家正在努力地整合本地、省市和区域市场。

许多新技术平台已经进入道路货运和卡车运输市场，每一个都有望解决此处列出的诸多问题。它们的终极目标是实现供需平衡，帮助道路货运公司把卡车装满，帮助托运人把运费压低。本章将对这些目标及整个行业展开更详细的讨论。

数字货运平台的类型

该领域的参与者可以概括如下。

1. 数字货运代理积极地协调流程，承担定价风险，它们可以分类如下。

（1）专属公司，如敦豪速递的 Saloodo！、Drive4Schenker（Schenkereasy）、联合包裹的 Coyote。

（2）非专属公司或独立公司。

- 欧洲：Instafreight、Freighthub、Transporteca、Loadfox、Convargo、Cargonexx、Colo21、Frachtraum 和 Ontruck。
- 美国：UberFreight、FreightOS、FlexPort、Ontruck、Convoy、CargoMatic、Transfix、TruckerPath、10-4 Systems、FreightGuru 和 Loadsmart。
- 亚洲：Blackbuck（印度），货车帮（中国，已经与运满满合并）。

2. 交易平台帮助托运人和承运商交换信息，但不负责交易的成功执行。这类公司有 TimoCom、Cargoclix、DAT 和 Truckstop 等。一些公司专注于托运人与承运商的关系，帮助确定市场中可用的运力，如特定航线上的运力。其他公司帮助运营商开展协作（即运营商对运营商的服务）。LoadFox 和 Teleroute 便是后者的例子。许多这样的交易平台已经存在了几十年，现在正在开发额外的服务，如数字仓储服务。

3. 投标平台为承运商和托运人之间建立长期关系提供了保障。此类平台包括 Transporeon（TIContract）、Logistitrade、Tendereasy、TNX Logistics 和 Jaggaer（2017 年收购了 Bravosolution——一个更加通用、包含支出管理功能的平台）。此外，它们还能提供增值解决方案，协助平衡承运商网络。

4. 数据聚合平台为市场参与者之间的定价、费用分摊、获取（提供）可见性和支付提供标准化的对接服务。这类平台包括 FourKite、Project44、Sixfold、Transporeon 和 Xeneta 等。

5. 传统的货运代理，如德迅，也瞄准了客户门户和报价引擎这个市场。

运输质量被视为数字货运代理和交易平台之间的一个重要区别。前者声称，货运代理确保了交易过程中应有的信任，这对交易的成功完成至关重要。

换句话说，货运代理与客户及承运商的关系是一个十分重要的因素。客户与货运代理建立起信任，一旦出现问题，货运代理就会承担责任。关系对承运商来说也很重要。它们信任货运代理，并与之建立长期的合作关系，以确保得到稳定的订单和合理的价格，但必须对运输质量做出承诺。

虽然货运平台可以核查承运商的信誉度，但最终风险仍由托运人承担，托运人可能与承运商联系过，也可能完全没有联系。

对比数字货运代理和交易平台，不难看出，托运人和承运商有许多选择。上面的分类基于不同的运营模式。不过，许多数字货运平台也会因下列因素而有所不同。

- 地理位置。正如后文将要详细讨论的，德国是欧洲最大的道路货运市场，这促进了几个大型交易平台的发展，它们把业务扩张到了欧洲的其他国家。
- 国际、国家与区域性参与者。虽然有些平台专门从事跨境运输（如 FreightEx，也就是现在的 Coyote），但大多数平台仅针对当地的货运需求。一个典型的例子是 Ontruck，该公司专注于更加本地化的托盘运输。

- 大宗商品。Transporeon 公司创建了一个专门从事散货（尤其是钢材）运输的承运商和托运人社区。

收费模式

交易平台经常通过订阅模式获取收入。例如，尽管欧洲货运交易所（Euro Freight Exchange）为用户提供免费发布货物或卡车信息的服务，但它们对额外的增值服务收费，如增加常规路线、发布广告或使用其 TMS。高级会员每月只需支付 29 欧元，这意味着货运交易平台必须具备很强的竞争力，才能为平台获取更多的货物和卡车信息。

数字货运代理采用了一种更加传统的创收方式：通过平台进行交易，并保留一定的利润。它们还可以提供许多常用的增值服务，如文档创建。尽管人们可能认为数字化会消除互相交流的必要，但事实并非如此。一些成功的平台具备强大的销售和客户管理团队。这有助于保证其费率高于市场平均水平，同时确保以较低的投入与承运商建立长期的合作关系。

数字交易平台与经纪业务

对许多数字交易平台来说，一个大问题是它们之间难以形成差异性竞争。一段时间以来，传统的货运交易所承担着匹配供需双方的任务，在规模方面主导着市场。数字货运代理提供了不同的服务，维护了客户关系，但这个市场的规模不够大。

无论是数字货运代理还是交易平台，为了业务的发展，都需要保持服务资源（承运商）和大量的客源（托运人）。随着它们所提供的供需匹配服务的同质化，托运人面临着接受低质量服务的风险，而承运商面临着运费下降的风险——这可能会转变成一场价格战。

网络效应，即需求侧的规模经济，对平台的成功至关重要。当一项服务被越来越多的人采用而变得对用户极有价值时，就会出现这种情况：这为竞争对手构筑了进入的壁垒，也拦截了用户的退出渠道。最终，这会让一家公司主导市场。

建立在交易平台这一概念基础上的成功企业会为其客户整合一系列的技术（包括 App），但并不局限于此，它们还会通过提供卓越的服务满足双方的多种需求，与承运商和托运人建立战略锁定关系。虽然对托运人来说，数字经纪服务的潜在优势比较清晰（成本低、灵活、按需提供服务），但许多企业未能直观地让承运商感受到这些服务的好处，这削弱了它们的优势（详见案例研究 2.1）。

在这种“先有鸡还是先有蛋”的困境中，其他企业通过先专注于向承运商提供优质服务，再为托运人提供经纪服务，从而扩大了自身规模。值得注意的是，美国初创企业 Trucker Path 通过向承运商提供停车、导航和融资服务吸引了它们的注意。印度和中国的一些公司也采用了类似的做法。

在数字交易平台领域中领先的初创企业

自 21 世纪头 10 年中期以来，大量的投资涌入该行业。根据咨询公司波士顿咨询集团于 2018 年发布的数据，风险投资基金在 2012 年至 2017 年期间向数字物流初创企业投资了 33 亿美元，其中很大一部分投向了道路货运市场。

在欧洲，这个市场已经被德国的平台所主导。值得注意的是，与美国和亚洲相比，欧洲的融资水平还比较低。

德国初创企业在欧洲道路货运代理市场中的高占比是该国市场规模的产物。德国拥有欧洲最大的道路货运市场（尤其是国际货运），较大的规模让该市场具有吸引力。在欧洲市场运营的德国领先企业所占据的市场份额也证明了这一点（如敦豪速递、全球国际货运代理公司、德迅、雷诺斯物流和超捷物流）。

但是，为什么与其他地区相比，资金投入的差距如此之大呢？除了2018年筹集了2 500万美元的Ontruck以外，没有哪家公司能够募集过8位数的资金。这与中国、印度和美国的以技术为基础的货运公司形成了鲜明的对比（见图10.1）。

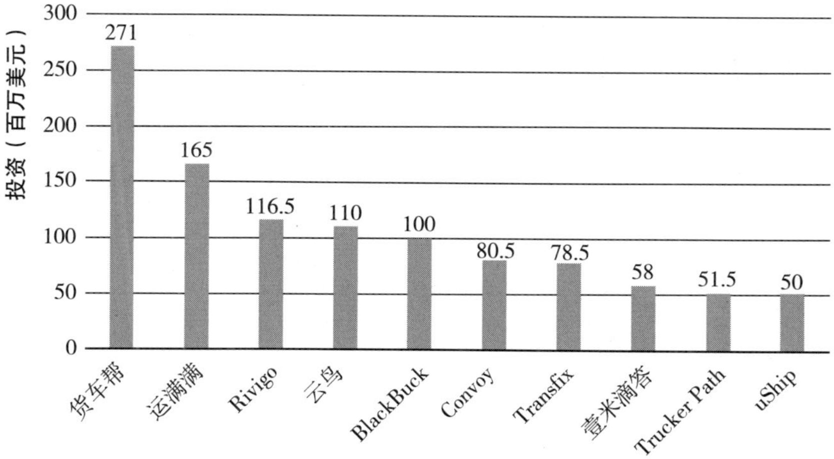

图10.1　按投资规模排名的十大新兴货运公司

造成这种情况的原因有几个。印度、中国和美国的专门开发数字货运平台的初创企业的市场机遇远大于欧洲的同类企业。虽然欧盟作为一个整体是世界上规模最大的市场，但正如前文提到的，由于语言、法律和文化的差异，每一家欧洲公司都会受到限制。虽然这并没有完全阻止它们向邻近国家扩张，但确实使发展难度变得很高。

此外，欧洲的增长机会远不如印度和中国。在这些新兴市场中，传统的大型卡车运输公司无法发展到像美国和欧洲那样的程度。因此，以技术为基础的创新者拥有更多的机会来解决服务供应不足和需求高度分散的问题。

在中国，两个最大的平台于2017年年底合并。货车帮（也被称为卡车联盟）和运满满创建了一个价值20亿美元的企业（云帮集团）。前者得到了腾讯控股有限公司的部分支持，而后者则得到了阿里巴巴的马云创立的云峰资本的投资。据估计，该公司有 880 万名卡车司机，合并后的平台新增近 200 万名司机，该公司正在大力投资 AI，以有效地处理数据流。与美国平台 Trucker Path 一样，供需匹配只是其提供的服务之一。两家公司都销售收费卡、燃料、轮胎和二手车。云帮集团打算效仿优步的做法，大力投资于自动驾驶技术，使之替代动力卡车。

欧洲主要物流公司之间的竞争

在欧洲，数字交易平台领域的一个重要发展是既有的货运公司开始反击。具体来说，三家领先的公司已经试图通过购买该领域公司股份的方式来保护自己免受颠覆者的威胁。这三家公司如下：

- 联合包裹（于 2017 年 1 月收购 FreightEx）；
- 敦豪速递（于 2016 年收购 Cillox）；
- 全球国际货运代理公司（于 2017 年 2 月投资 uShip）。

这三家公司进入数字货运代理市场的方式略有不同。

联合包裹

联合包裹在欧洲的运营策略不同于北美，并没有重资产的道路货运业务。然而，其业务在不断发展，该公司大幅扩大了其欧洲快递业务的规模，其合同物流业务也得到了欧洲大陆各国的认可，但它一直缺少卡车运输业务。

2015 年，该公司收购了 Coyote 物流公司。Coyote 物流成立于 2006 年，是道路货运业中的上一代数字经纪公司，通过将传统的经纪业务与基于互联网的定制软件相结合，使货运需求与运力相匹配，其业务发展稳定。到 2015 年，该公司已进入高速成长期，联合包裹与该公司签订了 3 年的合同，在业务需求高峰期获得了额外的运力。

因为 Coyote 给联合包裹的供应链和货运事业部带来了强劲增长，该公司决定在欧洲复制这一模式，它收购了一家类似的公司 FreightEx，并在两大洲建立了一致的技术和运营模式。联合包裹目前正在整合两家公司并部署统一的系统。通过收购 FreightEx，联合包裹在不开发昂贵的、重资产的运营网络的情况下，成功地进军欧洲道路货运市场。

敦豪速递

与联合包裹相比，敦豪速递货运公司已经坐稳欧洲道路货运市场的第二把交椅。该公司已经将其业务多样化，推出了许多差异化的解决方案，包括 24 小时和 48 小时的欧洲速达（Eurapid）服务。

敦豪速递不需要收购成熟的货运代理就能在市场中立足。该公司收购了一家初创企业 Cillox，以获得其技术。目前，该公司正在扩大自身规模。Cillox 后来改名为 Saloodo！，并在德国和英国发展业务。

Saloodo！背后的技术是一款基于云计算的应用程序，可用于各种设备。该应用程序按需将货物与运力匹配，还可以管理文档、完成支付并向司机提供路线信息。它支持 13 种语言，葡萄牙和西班牙是最新被纳入的两个市场。

Saloodo！与联合包裹（FreightEx）所采用的集成方式不同，它仅仅作为一个软件平台运行，没有中介人员负责监督承运商。当平台无法提供足够的运力时，Saloodo！会使用敦豪速递的货运服务作为备用方案，但敦豪速递并不直接监督平台上的运输服务。

全球国际货运代理有限公司

全球国际货运代理有限公司是欧洲最大的道路货运公司，与敦豪速递一样，它在技术上投资是为了降低风险，而不是为了业务增长。这两家公司的不同之处在于它们对自身数字经纪业务的监管模式。

全球国际货运代理有限公司于 2017 年 2 月宣布向美国货运匹配平台

uShip 投资 2 500 万美元，但它早在 2016 年便为该公司的技术在欧洲谈好了独家授权合作。uShip 成立于 2003 年，与 FreightEx 一样，其悠久的历史证明了该公司的生存能力。

除了货运匹配，uShip 还提供支付和文档管理、保险、消息传递和跟踪服务。通过将该公司的技术整合到业务中，全球国际货运代理有限公司将在业务高峰期获得随需应变的能力，并弥补自身的技术短板。

案例研究 10.1 介绍了美国的 Trucker Path 公司，该公司为卡车司机提供众包信息和应收账款保理服务。

案例研究 10.1

Trucker Path 公司

Trucker Path 公司为卡车司机提供众包信息服务，包括最近的卡车站、称重站、酒店、加油站和货物装运等信息。

货运事务由一个面向区域或长途业务的交易系统管理。在该系统中，经纪人将货物连同最后期限、目的地和其他要求一起提交，并向长途卡车司机提供停车和导航信息。

该服务最初是作为一个免费的信息服务应用程序推出的，后来又增加了货运交易平台。因此，该业务已经培育出了一个用户社区，并以附加服务的形式扩充了交易平台，建立了一个更完善的生态系统。

此外，Trucker Path 公司已经成功地导入了支付服务 InstaPay。这种无追索权的保理安排可以使承运商立刻收到运费，以一次性的统一费率消除了各种隐藏费用，解决了承运商的一个主要痛点——它们通常要等 30 至 60 天才能收到付款。

在美国，总共有大约 160 万名长途卡车司机。该公司的卡车运输业务规模并不大（有大约 10 万辆卡车，每月发布 300 万条货运信息），由于在美国长途司机群体中有一定的人气，该公司确立了自己的市场地位。

数字化仓储

并非只有运输业有可能被共享经济所颠覆。怀揣着同样目标的初创企业正在进入仓储领域，它们帮助企业与客户建立直接联系，使以前未被充分利用的仓储空间产生效益。

传统的仓储市场

对物流服务提供商来说，仓储和配送合同长期以来的特征是在专用合同（客户支付整个仓库的运营成本）和共享合同之间二选一。在共享合同中，仓库货架的一部分被租赁给某一个客户，整个仓库被多个客户所共享，从而分摊了仓储成本。对大多数客户而言，仓储成本是可变的，这取决于实际的使用情况。

虽然共享仓库比专用仓库具有更大的灵活性，但它仍然受制于合同，合同期限通常是几年。合同还会规定最低数量，从而保护物流服务提供商的利益，但这不符合客户业务变化的需求，失去了灵活性。因此，这种合同的文字描述一般是稳定的、静态的。

当然，许多制造商、零售商和仓库用户选择将物流业务保留在内部。这意味着它们将承担仓库的租赁费用，与房地产公司签订合同，其期限远远长于与物流服务提供商签订的合同的期限（一般是 3 至 5 年）。

房地产市场的结构非常传统，房东、开发商和房地产经纪人在达成长期交易时都有既得利益。此外，十分了解市场中有哪些仓库可供租赁是比较困难的，搞清楚仓库内部确切的可用空间有多少也是如此。

交易市场的缺乏及临时收费的普遍存在使得比较不同的仓储服务很困难，仓储服务的价格构成也很不透明。显然，这对物流提供商而言是有利的，它们不欢迎仓储市场商品化，不希望竞争进一步加剧。换言之，它们将尽其所能阻止运输服务与仓储服务的分离，它们将两项服务统一描述为“拣选配送”。

按需仓储服务

按需仓储的基本前提是占用的资源可以被更集中化地利用。很多仓库的利用率不够高，其他客户对未被利用的空间不知情，而且目前也没有办法去改变这一状况。

按需仓储服务提供商需要提供：

- 合适的仓库容量；
- 可扩展的仓储解决方案；
- 更有效率的租赁交易；
- 有法可依的协议；
- 质量控制和合规认证。

与爱彼迎等租房服务不同，按需仓储服务并不是实时的，因为还涉及线上招标流程。然而，它比传统的交易要快得多，可能只需要几周而不是几个月的时间。此外，它还涉及仓储服务的商品化，包括货物的入库与拣选。

已经有几家公司利用云计算提供快速灵活的服务解决方案，提供按需仓储服务。这些公司专门针对具有动态需求的、快速增长的公司及中小型企业，利用既有仓库中的闲置空间，并提供订单管理和库存管理工具。

这种解决方案的实现方式都是 SaaS，这是云计算的一种变体，它使公司能够通过互联网远程访问软件，而不必在本地安装相关软件。这也表明，将不同的软件集成在一起可以大大增强它们的功能。例如，要想将基于云的WMS连接到基于云的TMS，只需进行一次集成，并且可以远程完成。如果使用本地安装的软件，则需要在公司的整个网络中进行手工集成，这既昂贵又耗时。

由于软件提供的灵活性，公司可以选择通过虚拟仓库进行配送，而真实库存却分布在几个设施中。这样的作业方式曾经是不可能的，但现在却被越来越多地使用，因为效果是显而易见的——仓储空间利用率大大提高了。

满足电子商务的需求

对成长中的线上零售商来说，一个常见的问题是如何提高配送能力以满足不断增长的需求，解决这个问题非常困难。在地域范围较大的市场中，这会产生相当可观的成本，公司只能向客户收取运费或自己补贴运费。由于初期投资的规模和长期租赁的承诺，零售商向区域分销网络的发展常常受限。

通过采用一种更灵活的仓储方式，零售商能够承担初期测试和验证市场的费用。此外，在多变的商业环境中，3PL理论上可以在固定和灵活的仓储能力之间达成某种平衡，就像它们在管理运输车队时所做的那样。

这代表了一种既有仓储模式的替代方案，即许多适应了全渠道零售环境的零售商将其不断增加的线上订单配送业务交给物流服务提供商完成。然后，这些物流服务提供商通过大规模的多客户共享设施开展运营，直到其客户要求选用特殊模式，如在其运营规模达到必须使用专用设施的时候。重要的是，这种业务成长的过程并不是固化的，沃尔玛和塔吉特（Target）都在通过内部投资积极发展其电子商务能力。

应对需求的波动性

现代供应链的设计是灵活而敏捷的，可以有效地应对需求的旺季和淡季、贸易战、自然灾害或恐怖事件等风险。虽然物流过程的许多环节都可以灵活地应对这些挑战，但唯有仓储环节通常是例外。正如前文所述，托运人一般要签订长期仓储合同，在这段时间内往往会不可避免地发生现实与预测背道而驰的情况。

按需仓储完全取代传统仓储市场是不可能的，不过，这的确为客户提供了一种更好的平衡需求高峰与低谷的方式。客户将不再像以往那样购买或租赁足够的仓储空间来应对需求高峰，而是先为基本需求租赁相应的空间，然后在季节性的需求高峰到来时临时增加空间，这极大地减少了浪费。对那些拥有大容量仓库的用户来说，按需仓储带来了出租闲置空间、获得额外收入的机会。

按需仓储的利弊

按需仓储带来的好处如下：

- 按需仓储将固定投资转化为运营成本，这将改善企业的资产负债表；
- 大型投资项目的规模会小得多，投资的时间跨度也会更长；
- 这将使客户更好地应对需求高峰与低谷；
- 仓库可以更靠近终端用户，从而在更短的时间内服务客户；
- 由于仓储地点增多了，风险也随之降低；
- 用户可以对冲仓储需求的波动性；
- 由于采用分布式的仓储网络，供应链产生的二氧化碳将会减少；
- 多个仓库可以整合成全国性的仓储网络，同时可以保持单一的接触点。

该行业的一项关键绩效指标——仓库利用率被设定在 80% 左右。这个数字可以从两个方面加以解读。首先，这表明仍有相当多的闲置空间可以释放到市场中。其次，它也表明这样的仓储能力不足以应对需求高峰（如节假日期间），因此平均利用率为 80% 的仓库用户可能需要共享仓库来应对燃眉之急（目前在美国，这个数字可能被低估了。通过美国经济的活跃程度可以判断目前的空置率大约仅为5%，尽管近年来已增加了相当多的仓储空间）。

按需仓储可以被描述为介于自有（或租赁）仓库和外包之间的一种仓储形式。然而，它并非完美无缺。首先，按需仓储难以应用于跨境销售。在主流的物流服务提供商以外，一些专业的线上订单配送服务提供商，如英迈（Ingram Micro）的Shipwire，提出了一种很有说服力的价值主张，它们提供货运代理服务，帮助客户进入全球市场。

另一个容易引起混淆的因素是控制权归属。尽管按需仓储服务提供商运营自己的WMS，该系统可以集成到客户的ERP系统中，但仓库中的实际配送作业由仓储服务提供商完成，无论谁拥有仓库，都必须根据托运人的要求完成，而不是考虑仓储现场的实际情况。

环境方面的考虑

更好地利用仓储空间对环境和业务运营都有好处，对前者的影响是显而易见的。建造大型仓库对当地环境的影响涉及以下几个方面：

- 土地利用率；
- 用水量；
- 能源使用；
- 温室气体排放；
- 污染；
- 碳排放量（制造建筑材料过程中排放的碳）；
- 当地环境与社区。

仓库利用率越高，需要建造的仓库就越少。显然，我们很难量化按需仓储服务对仓库利用率的影响。不过，WEF在2018年预估，共享仓储能力有望减少13亿吨的碳排放，从而造福社会。

假设仓库的平均利用率为 80%，如果按需仓储服务可以将其提升 5 个百分点，达到 85%，就意味着可以节省约 3.25 万平方米的仓储面积。当然，这只是简单的计算，但我们可以从中看出这个创新可能产生的影响力。

其次，在目标市场周围的多个仓库配置库存将直接影响把产品交付给最终用户时所需的运输量，进而影响碳排放。集中库存已被证明能给业务运营带来许多好处，假如保持库存的可见性，同时保持低库存水平，这可能对环境和供应链都是有益的。

案例研究 10.2 介绍了两家按需仓储服务提供商，分别是在美国和加拿大运营的 Flexe 及在英国运营的 Stowga。

案例研究 10.2

按需仓储服务提供商

Flexe 简介

作为仓储空间交易平台，Flexe 将承租人和出租人通过基于云计算的软件连接起来，并向后者收取佣金以实现盈利，佣金的数额取决于租赁费用。该公司的 SaaS 还提供 WMS、库存管理和计费服务，客户可以通过浏览器访问这些服务。

Flexe 在美国和加拿大开展运营，其交易平台覆盖了 550 多个仓库。Flexe 的客户平均在 6~8 个不同的地点开展运营活动。对那些想要使用仓储空间的人来说，最低的使用要求是 30 天的租期和最少 50 个托盘的货物。一旦合格，库存所有者就能得到快速和灵活的服务，包括使用到目前为止还相当昂贵的软件。

该公司为仓库经营者提供了一个短期租赁仓库的交易平台，对没有准备好长期租赁的公司而言，这是一个很不错的选择。对那些希望迅速扩大业务规模的公司来说，按需仓储是一个可选的解决方案。

Stowga 简介

Stowga 是一个新兴的 B2B 交易平台，总部设在英国，它可以调用闲置的仓储空间以满足客户的短期需求。自 2016 年成立以来，它已经筹集了 180 万英镑的资金。该公司在其平台上运营着 4 000 多个仓库。

Stowga 将其服务描述为“仓库即服务”（Warehousing as a Service，WaaS），而不是按需服务。这个描述或许更加准确，因为从字面意思来讲，按需服务强调即时性，但即时性并不是这种共享经济创新的核心属性。相反，短期性和灵活性更加重要。

Stowga 的管理层将 WaaS 描述为一项能够让其客户有效地应对需求高峰和低谷的服务。英国饮料制造商、Vimto 品牌拥有者尼科尔斯公司（Nichols）是该公司的客户。

总结

从理论上来讲，数字交易平台有可能颠覆全球的许多市场，包括效率低下的道路货运和卡车运输市场。然而，颠覆的程度尚不明确。在欧洲，机会可能不像许多初创企业所认为的那么大，因为市场已经变得拥挤不堪。为了取得成功，交易平台需要不懈地专注于特定的细分市场，并通过卓越的技术来整合并服务目标市场。中国和印度似乎拥有更大的机会。与欧洲和北美洲相对优质的道路货运市场相比，发展中国家和地区的市场效率偏低。已经发展起来的大型物流平台并不认为自己是货运交易平台，而是可以改变整个行业的颠覆性技术平台。相比之下，在欧洲和北美洲，数字货运平台的角色只是对占据主导地位的既有运输服务提供商的补充。

尽管仓储业不会像道路货运业那样成为随需应变的行业，但该行业肯定有提高效率的潜力。当然，正如任何颠覆性技术或商业模式一样，总会有赢家和输家。WEF 于 2018 年指出：

> 共享仓库合同为公司（物流公司的客户）提供了一个将物流成本降低 12% ~ 15% 的机会。我们估计，履行这些合同的公司可以节省近 5 000 亿美元的运营成本，但这可能会导致既有物流服务提供商减少高达 350 亿美元的利润。

THE LOGISTICS AND SUPPLY CHAIN INNOVATION HANDBOOK

Disruptive Technologies and New Business Models

第 11 章

按需交付与众包运输

本章将介绍：

- 按需交付和众包运输是什么；
- 这些商业模式是如何运行的；
- 它们成功和失败背后的经济学；
- 零工经济及相关的监管措施；
- 快递公司的商机；
- GenPos 公司收购按需交付平台的案例；
- 这些创新商业模式的发展前景。

按需交付平台及其对最后一公里交付的影响

过去几年，按需交付业务规模迅速扩大，从最初的美食外卖或零售送货上门服务逐渐发展起来，按需交付服务提供商从消费群体中挖掘出了一项潜在的需求。

什么是按需交付

蕾蒂西娅·达布兰克（Laetitia Dablanc）等人对按需交付做了如下定义："通过一个数字化平台，将发货人、快递员与收货人联系起来，实现一种即时交付服务，即在 2 小时内根据发货人的要求提供交付服务，该服务可以由个人、承包商或公司的雇员提供。"

这个定义有两个要素：

- 按需交付有时限要求——通常是一个很短的时间跨度，如 2 小时内。
- 按需交付需要借助一个数字平台来匹配供应与需求，通常是通过智能手机实现的。

我们不应将按需交付与众包运输混淆，后者是指所使用的运输方式，而不是所提供的服务。众包运输往往是指由个人使用自己的交通工具或公共交通完成交付，这属于按需交付市场中的一个细分领域。尽管按需交付的需求规模增长迅速，但众包运输却尚未起步。稍后将对此进行更详细的讨论。

“按需”有时还会和“零工经济”等术语互换使用，零工经济是指临时性的个体承包商。但这个说法也不完全准确，虽然数字化平台需要灵活的资源来应对需求的高峰和低谷，但提供按需交付服务的零售商也会直接雇用快递员，一方面是因为管理问题和劳工组织的压力，另一方面也是为了确保服务质量。

例如，美国的 Instacart 最近开始雇用员工，并对这批员工加以培训（美国税务当局将培训作为确定员工身份的依据），使公司从中受益。无论是在商店拣选商品还是最终的运送交付，接受过正规培训的员工都改善了顾客体验。

当地餐馆往往是按需交付服务最广泛的客户。当然，其应用范围并不局限于这个领域，按需交付市场还包括：

- 日用百货；
- 生鲜食品；
- 酒品饮料；
- 洗衣服务；
- 快消品。

“即刻满足”这种消费观念正在不断地向市场渗透，无论是在网上购买食物、杂货，还是在商店购买送货上门的服装及饰品，消费者都希望能立即拿到自己购买的物品。不论这种要求合理与否，这已经是现代生活中真实存在的心理现象。而且，有迹象表明，这种现象在未来的许多年里将持续存在。

市场将保持持续增长。咨询公司BIA/Kelsey称，在美国，既有服务只涵盖了7%的潜在市场。在世界上不太发达的地区，机会甚至更大。普华永道在2018年发现按需交付服务市场在英国以每年约45%的速度增长，在欧洲以每年约50%的速度增长。

按需交付的运行方式

按需交付平台并不认为自己是物流或快递公司。相反，它们将自己定义为配套服务，其作用是在消费者与零售商或餐馆之间架起桥梁。

有些平台（如Just Eat或Delivery Hero）不直接提供交付服务，只提供软件，消费者可以通过该平台向餐馆下单，交付是由餐厅自己完成的。其他公司（如Deliveroo）则为没有能力送货上门的餐馆提供交付服务。但是，后者不拥有资产，它们主要使用个体快递员提供服务。

这些公司如何对自身进行定位是很重要的。2018年，欧盟委员会（European Commission）决定，将视自己为个人移动端App的优步定位成一家出租车服务提供商，并将对其加以监管。如果围绕快递员待遇的争议持续下去，按需交付平台未来可能会面临类似的监管。

另一个尚未得到完全解决的问题是保险。普通的快递公司会投保一系列的险种，从公司责任到付运货物。如果按需交付公司被视为餐食供应商、百货零售商、快递公司，或者像很多人希望的那样，被视为纯粹的在线平台，那么在按需服务价值链中责任归属可能并不明确。

按需交付的商业模式

为了赢得市场规模和知名度（在按需交付市场中十分重要的两个因素），这些平台需要形成强大的营销能力，提供有竞争力的价格。另外，为了留住消费者和快递员，服务提供商必须开发最佳功能来获得竞争优势，包括：

- 在第一时间向快递员发出订单；

- 聘用责任心强的快递员；
- 迅速的订单处理能力；
- 整合更多的发货人。

对按需交付公司来说，关键是有没有足够大的市场。只有在运营区域内获得大量的订单，公司才能获得利润。假如订单数量低于一定的水平，每个订单的经济效益将难以保证。

这里面存在两项主要的风险：

- 业务刚起步时，市场不够大，无法支撑这项服务；
- 竞争对手的介入稀释了自身占据的市场份额。

相互竞争的初创企业，一旦拥有扩张业务的资金，就通过对快递员和消费者的补贴来解决后一个问题，以此获得规模经济效益。这会不可避免地导致财务上的损失，当资金开始耗尽时，初创企业就会在竞争激烈的市场中进退维谷、骑虎难下。

按需交付公司背后的经济学原理相当简单。一方面，收入包括平台向餐厅收取的佣金（可能为25% ~ 30%）和向顾客收取的送货费（在欧洲和英国通常约为2.5欧元或2.5英镑）。另一方面，成本来自付给快递员的费用（计件制或计时制），再加上公司的运营管理费用。

因此，公司的收入是由所点餐食的价格、数量和送货费决定的。当然，在有些市场中，免费送货正变得越来越普及。在计时制模式下，运营成本取决于快递员利用率。如果采用计件制，这就不是那么重要了。这也解释了为什么按需交付公司严重依赖零工经济：假如快递员是按小时计酬的雇员，这种运营模式就很难维持下去。鉴于正在积极游说的工会和希望从中征收劳工税的政府，这种运营模式是否可持续还有待观察。快递员可以选择报酬较高的工作，或者找到更好的按需交付平台。但是，这将造成一个恶性循环：公司无法雇用足够的快递员，这会导致送货时间延长，客户满意度降低；随着业务量的减少，将会有更多的快递员离开，如此循环下去。

按需交付平台 TakeEatEasy 于 2017 年关闭，其联合创始人阿德里安・罗斯（Adrien Roose）在 2018 年表示："利用率是我们业务中最重要的指标之一。假设快递员每小时至少要挣 15 欧元才不会流失，那么利用率低（每小时投递次数少于 1.5 次）就意味着亏本运营。"

实际上，如果按需交付公司不能吸引并留住高素质的快递员，它们很快就会倒闭。薪酬是非常重要的，某些公司也会提供补充保险等福利。

随着按需交付市场趋于稳定，原本就很有限的融资将会变得更少，一些规模较大的供应商在失去市场份额和收入时，也更难再次融资。TakeEatEasy 的破产被高管们归咎于这样的事实：连该公司仅有的一位投资者都决定收购另一家经营状况更好的同类公司，为其提供资金。

由于并购和破产，既有公司之间的整合是不可避免的。鉴于这个市场的地理属性，某些公司很可能会在某些地区独霸市场。

在中国香港，啦啦快送和高高客货车是市场的领导者。自 2010 年以来，竞争者的数量已经从大约 300 家减少到屈指可数。评论家认为，至少对这个市场来说，仅凭消费者本身无法创造一个足够大的市场。因此，还要创造一个商业市场，这个市场中的客户应该由服务和可靠性来驱动，而不是降价促销（尽管它有助于获取市场份额）。

以上两家成功的按需交付公司吸引了最多的投资。2019 年，啦啦快送的估值约为 10 亿美元，它已经筹集了 1 亿美元，当时计划在 2020 年进行首次公开募股。这笔资金将用于在中国香港建立国际总部，其业务范围将覆盖中国内地及东南亚的 200 至 250 个城市。高高客货车表示，它希望筹集 2 亿美元，以便在世界各地开展业务。

有趣的是，市场变化得如此之快，以至于颠覆者在不久的将来也可能成为被颠覆的目标。以亚马逊为例，在市场上它可以被视为守成者，而且容易受到按需交付零售商的颠覆。在美国，Instacart 雇用快递员从老牌零售商那里拣选商品，为消费者提供一小时送达服务，并提供种类非常丰富的商品。相比之下，亚马逊采用了一种垂直整合的模式，利用其在各个国家和地区的配送中心开展类似的业务。Instacart 可以在零售商既有能力的基础上增加按需交付的能力，这让它们可以进入该领域与亚马逊展开竞争。

快递公司的机会

尽管按需交付吸引了投资者的极大关注，但对快递公司而言，进入这个快速增长的领域的机会似乎非常有限。

按需交付依赖于数量庞大的消费者和快递员，但通常有地域限制。这意味着，全国、区域性或全球性的快递公司与按需交付业务之间几乎不存在交集。

联邦快递、联合包裹和敦豪速递等公司的运营依赖于大量包裹的派送，及最大限度地利用国家和国际之间的网络基础设施，而不是在有限的区域内即时收集订单和配送货物。

然而，这并没有妨碍一家主要的快递公司 GenPos 试图在该领域小试牛刀。这家法国邮政的子公司全资收购了按需交付服务提供商 Stuart。其实，在最初的 2015 年，该公司只持有 Stuart 少数的股权。

正如案例研究 11.1 所述，尽管与 GenPos 进行了一定程度的业务整合，但 Stuart 的主体仍然保持独立运营。

案例研究 11.1

GenPos 与 Stuart

Stuart 由克莱门特·伯努瓦（Clément Benoît）和本杰明·凯姆拉（Benjamin Chemla）于 2015 年创立，它是一个技术平台，将零售商与独立的快递公司联系起来，帮助企业满足终端消费者的交付需求。2015 年，欧洲主要快递公司 GenPos 收购了 Stuart 22% 的股份，随后在 2017 年收购了整家公司。

Stuart 为按需交付和订单建立了调度算法，并将其应用程序接口（Application Programming Interface，API）与法国、英国和西班牙的领先跨国零售商整合在一起。Stuart 在技术、数据、产品、运营和业务开发等方面拥有 100 名员工，每天为 500 多个活跃客户提供数以千计的交付服务，主要客户包括家乐福、法国国际汽车公司、汉堡王、The Kooples、必胜客和 Cdiscount。

GenPos CEO 保罗 - 玛丽·查瓦内（Paul-Marie Chavanne）表示："这一决定符合我们过去两年对 Stuart 的投资逻辑。Stuart 在本地这一层级很好地完成了交付服务，体现了城市快递的未来，这对我们来说是一个快速扩张的战略活动。"

Stuart 仍是一个独立品牌和子公司，以保持管理团队的自主权和对技术创新的承诺。不过，该公司的董事会将由 GenPos 和 Pickup（一家专注于替代交付解决方案的初创企业）的管理人员共同主持。GenPos 公司于 2009 年收购了 Pickup。Pickup 的管理者将把 Stuart 的业务逐渐整合进 GenPos 的业务，以最大化两者之间的协同效应，包括为集团的客户开发增值解决方案。

除了运营方面的原因，快递公司不愿意进入按需交付市场还有别的原因。在一些地区，由于人们对零工经济的工作方式和薪酬存在争议，按需交付被视为"剧毒"行业。

就算快递公司考虑进入，要付出的成本也会让它们犹豫不决。收购 Deliveroo 等老牌公司的成本非常高昂，因为投资者已经推高了股价，公司股票的市盈率让人望而生畏。GenPos 的案例说明，收购方更有可能看中早期的初创企业或者自行开发相应的技术（例如，敦豪速递开发了自己的数字货运平台 Saloodo！）。

按需交付与快递网络之间很少有关联并不意味着 GenPos 收购 Stuart 应该被视为孤立的收购案例。随着按需交付市场的日益成熟，快递公司参与该市场的机会越来越多。例如，支撑这些平台的技术可能在 B2B 领域是有价值的，当交付时间非常紧迫时，这或许是一种能够满足服务要求但成本更低的方式。对许多供应商来说，餐厅食品的配送很可能是一个开端，未来按需交付将涉及新的、尚未开发的领域。

最终，这个市场可能会变得相当庞大，以至于使快递巨头们无法想象。然而，就目前而言，选择错误的按需交付服务提供商的风险可能非常大，只能让投资者去承担这样的风险了。

初创企业的成与败

成功的初创企业

- Shutl 被易趣以 1 亿美元收购。此前，该公司曾在 7 轮风险投资中，从联合包裹、法国邮政和其他公司融资 869 万美元。被收购的 Shutl 将继续得到易趣的投资。2016 年 9 月，该公司宣布了一项改革，其目的是让中小企业更愿意使用其服务。
- Doordash 在 5 轮融资中，通过 16 个投资者获得了 1.867 亿美元的资金。在 2016 年 3 月的 C 轮融资中，该公司获得了 1.27 亿美元的资金，并于当年 8 月将业务扩张至得克萨斯州的奥斯汀市。
- Instacart 在 5 轮融资中，通过 12 个投资者获得了 2.748 亿美元的资金。2015 年 1 月，该公司宣布获得了新一轮总额为 2.2 亿美元的 C 轮融资，估值超过 20 亿美元。Instacart 的业务已经扩张到了美国马萨诸塞州、佛罗里达州、乔治亚州、新泽西州、北卡罗来纳州和加利福尼亚州的多个城市。

- Roadie 分 4 轮通过 8 个投资者获得了 2 503 万美元的资金，2016 年 6 月获得了 1 500 万美元的 B 轮融资。
- Delivery Hero 通过一级市场投资者融资 10 亿美元。该公司成立于 2011 年，在 33 个国家提供送餐服务，雇用了 3 000 名员工。该公司已撤出中国市场，目前正寻求通过公开募股融资 1.75 亿欧元，为更多的增长项目提供资金。

失败的初创企业

- Tok tok tok 获得了 200 万美元的种子基金，成立了一家食品配送公司。由于缺乏必要的资源和成本控制来扩大规模，该公司于 2016 年 9 月出售了其技术平台 Just Eat。
- Wunwun 通过各类机构和个人投资者筹集了 2 300 万美元，由于没有足够的规模参与竞争，2015 年 5 月被快递公司 Alfred 收购。
- VF 是 Delivery Hero 旗下子公司，于 2015 年进入市场。该公司尝试为快餐店提供配送服务，因未能有效地控制成本，于 2016 年 4 月被行政托管。该公司扩张过快，但难以达到预期的利润率。
- Foodpanda：2015 年融资 2.1 亿美元，其中高盛投资 1 亿美元，另融资 1.1 亿美元。该公司出售了自己在墨西哥、巴西和印度尼西亚的业务，并在印度裁员 15%。该公司正在重新考虑其东南亚市场战略。该公司仅在沙特阿拉伯和东欧等较小的市场中实现了盈利。母公司 Rocket Internet 一直无法为其找到买家。

零工经济与运输工人的地位

许多物流公司有理由为它们对待员工的态度感到自豪。尽管如此，许多公司的商业模式和就业结构正受到更加严格的审查，因为它们直接关系到物流工人的切身利益。其中的许多问题涉及运输市场劳动力的高度分包。

使用更多的私营司机

尽管对私营司机（个体运输从业者，拥有自己的车辆）的使用已经广泛存在了几十年，但对此类人员的需求在最近几年大幅增加，尤其是因为线上零售配送业务量的惊人增长。虽然大部分物流市场增长乏力，但家庭配送量却大幅增长。这为许多快递公司带来了可喜的收入，但同时也带来了一些亟须解决的问题。

市场波动频繁，波峰和波谷交替出现，绝大多数快递公司都采用了外包模式，这实际上降低了它们的业务风险。私营司机不仅要承担运输资产（即车辆）的投资成本，还要承担按次计费或按距离计费的收入风险。

在线上零售市场中，免费送货是许多公司的一个主要卖点。这种营销手段的成本被分摊到了承运商的交付环节，导致了超低的报酬率。

这引发了道德方面的担忧。由于市场准入门槛较低，愿意接受低技能工作的人有很多，一些承运商支付的费用仅够支持一辆汽车的运营成本。有人指控，有些承运商实际上在剥削下游的分包商，这是一种相当短视的做法，无法长久维持。承运商也深知私营司机最终会因为报酬微薄而被迫退出。然后，承运商会再次从大量的应聘者中选出新的司机。

当然，许多人会辩称，造成这种状况的根源是自由市场。在发达国家，许多私营司机是移民，他们被就业机会和比母国高得多的工资所吸引。通过输入大量的新移民，发达国家的经济降低了成本并从中获益。不过，假如劳动力减少，整个行业的运营成本将不可避免地上升。

与此同时，私营司机的权益远少于正式雇员。例如，他们不享有正式雇员的福利，包括病假、产假和退休金等，尽管他们的职责和工作量实际上与正式雇员完全相同。此外，在快递业，这些司机还要使用自己的货车，而不是大型货车，他们不需要遵守欧洲针对司机工时的法律，这些法律限制了司机的驾驶时间。因此，私营司机的工作量很大，工作时间很长，但报酬很低。

按需经济——到底是不道德的就业模式还是新型就业模式

按需交付这种商业模式的发展使快递员的待遇受到了劳工组织和政策制定者的更多关注。

初创的餐馆外卖配送公司 Deliveroo 的分包模式正面临监管机构和快递员的质疑。该公司在许多国家拥有一个由司机和乘客组成的网络，他们从那些没有配送能力的食品店获得配送食物的工作。

在英国，2017 年该公司向快递员支付每小时 7 英镑的工资，外加每批货 1 英镑的工资。之后，该公司实施了一种新的薪酬方式，引发了快递员的不满。该公司将薪酬改为简单的每次 3.75 英镑。尽管这导致该公司需要在高峰期向快递员支付更高的工资，但总体而言，该公司仍然担心新制度会使快递员的工资低于法律规定的最低工资。

其竞争对手优步外卖（Uber Eats）也面临着类似的纠纷。快递员的临时工身份意味着，尽管每小时约 9 英镑左右的工作机会是确实存在的，但有些时候快递员很难得到工作，甚至无法得到工作。但是，管理层会反驳，公司并没有规定快递员的班次、最低工作时间或限定快递员的送货区域，况且许多人干的还是兼职工作。

尽管一些分包商认为按需交付这种商业模式是不道德的，但大多数分包商都心甘情愿地接受了这种安排。毕竟，Deliveroo 和优步外卖都吸引了成千上万的快递员去注册。

自由职业者是否应该享有与正式雇员相同的权利是一个法律难题。在 Deliveroo 要求快递员签署的合同中，快递员愿意放弃正式雇员的身份和权利，尽管这从法律层面来讲属于霸王条款。

在一宗涉及私下雇用人员的案件中，Addison Lee 公司解雇了两名工人，英国工会的法律服务公司评论道：

> 我们不能允许雇主掌控雇员的全部经济利益，而对这些人的生计不承担任何责任。试图将正常就业定义为零工经济对成千上万努力工作的人造成了严重伤害，最终会让纳税人付出巨额代价，而企业会攫取所有的利润。

一个主要的问题是，假如按需经济成了主流，就要克服非正式雇用的文化障碍。由于劳工组织努力防止非正式雇用普遍存在及政府试图避免税收收入损失，就业状况前景未卜。这两个既得利益集团很可能会被该行业的发展所抛弃。

众包运输

智能手机的流行使前沿技术迅速普及。所有的公司（不仅是大公司）和个人都拥有了高水平的计算能力，这进一步刺激了技术创新的发展。大型计算机公司垄断软件开发的时代已经一去不复返了。相反，每个人都有可能构思和开发新的技术，并将其公之于众。这让极具颠覆性的、敏捷的、可持续发展的应用不断出现。

这些联网设备所带来的好处之一是它们提供了将用户与虚拟社区连接起来的途径。这背后的力量已被优步等颠覆者运用，而且已经渗透到了那些受到严格监管的传统行业（如个人出行），现在正在波及运输业。

在计算能力和硬件日益普及的同时，大量的数据自然地产生了。它们可以改善决策质量，并带来显著的经济、社会和环境效益。

技术创新和低成本传感器带来了文化转变的契机，创造了共享经济。资产所有权曾经被认为是非常重要的，但新一代的年轻人不在乎这种所有权，宁愿换取高效率或高水平的服务。许多人认为，在可预见的未来，汽车将成为共享资产，焦点将集中在按需服务上，人们不再通过拥有名牌豪车来彰显身份。在此必须指出，这在一定程度上是由经济环境造成的——许多“千禧一代”难以获得资产，如住房、交通工具等。

众包运输也是这个大趋势的一部分。著名学者艾伦·麦金农（Alan McKinnon）教授说，众包运输“有效地把普通市民变成了快递员，为网上订购的小物品在当地配送创造了全新的、非正式的物流网络”。这一概念具体是指个人在日常出行的过程中顺便带上包裹，在途中停下来完成投递。

这一过程的优点体现在经济和环境方面，交付是以较低的边际成本完成的。实施交付的人员可以得到劳务补偿，从原本的例行工作中创造价值。正如麦金农评论的那样，“众包运输的发展是人们为了社区的更大利益而利用社交网络进行协作、共享服务和资产的一个例子”。

尽管“众包运输”一词最初是指由非专业人员进行的活动，但市场上也有一些专业化的平台，如 Zipments，该平台主要供专业快递员使用。有些公司（例如，在美国运营的联合包裹旗下公司 Deliv）把业务重点放在购物中心上，它们承接商品配送业务。Deliv 表示，公司旨在满足多渠道零售商向客户交付商品的需求。敦豪速递是第一批尝试将众包运输作为其服务体系的补充的公司之一。

众包运输是由专业的快递员完成的，还是由个人在上下班途中完成的，这是一个问题。虽然这可能与最终收件人、托运人或平台无关，但会对道路使用、交通堵塞和环境污染等方面产生影响。专业快递员要行驶较长的路程来收取和运送货物，每一次运送都是专程的。传统的快递网络使用货车来运送包裹，低成本的替代方案会造成更严重的拥堵和排放。某些受欢迎的高密度送货地点（如市区）可能会吸引大量来自外地的专业快递员，令本已拥挤不堪的交通状况雪上加霜。

图 11.1（从英国市场采样）展示了以最原始的形式进行的众包运输对托运人的好处。

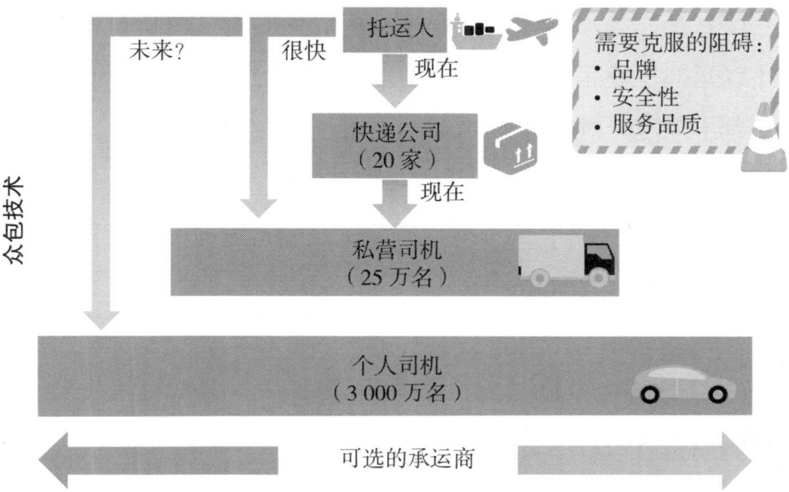

图 11.1　众包运输：托运人可以接触更多的承运商

在目前的情况下，托运人只能选择相对较少的承运商。利用新技术，托运人现在有可能越过这些承运商，利用当地合作伙伴建立自己的配送体系。这正是市场中最大的运输服务提供商之一亚马逊通过其子公司亚马逊物流（Amazon Logistics）所实施的战略。通过集群运输技术，托运人将能够实现如图 11.1 所示的集群运输：托运人访问扩展后的承运商资源池，从而直接与大量私营司机建立联系，甚至直接与数量庞大的个人司机联系。事实上，这个数字可能会更高，因为它还可以包括火车和公共汽车的乘客，尤其是那些可以方便地把小包裹带到市中心的人。

不过，去中介化的交付方式也有风险，其中非常重要的是服务质量和安全问题。这些年来，快递公司之所以能够取得成功，主要是因为它们建立了自己的品牌，其中的重要因素是服务水平承诺和信任。尽管这些公司会收取额外的费用，但只要货物被安全送达并得到妥善的照顾，许多托运人（特别是高价值货物的托运人）仍然很愿意支付这些费用。

监管机构担心的是，众包运输容易被恐怖分子或犯罪团伙所利用。如果一个众包平台是完全开放的（如 Facebook 这样的社交网站），那么快递员很可能在不经意间投递非法物品，甚至爆炸装置。当然，全球任何一家物流服务提供商都不能完全避免这类风险，但由此产生的不良公共关系可能会使这些业务的发展陷入停顿。

案例研究 11.2 介绍了沃尔玛如何测试众包运输方案，案例研究 11.3 介绍了最后一公里交付方面的创新。

案例研究 11.2

沃尔玛测试众包运输方案

美国零售业巨头沃尔玛一直走在众包运输潮流的前沿，自 2010 年以来，它尝试了各种方案。2013 年，沃尔玛尝试让顾客在店内提取订单中的商品，然后在回家的路上把包裹送到别的顾客手中。2017 年，沃尔玛尝试了另一种方案，即让仓库员工（被称为“合伙人”）在下班回家的路上顺便完成投递。

正如沃尔玛在博客中所评论的那样，“这不仅可以降低运输成本，还可以让包裹更快、更高效地到达目的地，这对顾客、员工和企业来说都是有利的，形成了三赢的局面”。

正在试用的模式会把线上订单中的商品送到离客户最近的商店，相关人员在那里收集订单中的商品并在一天内完成投递。员工要设定投递能力的相关参数，即他们可以投递的包裹的数量及体积和重量限制。沃尔玛在美国 90% 的人口的 16 公里范围内都开设了门店，每家门店雇用超过 100 多名员工，这使得这一设想成为可能。

三家门店正在试验，该公司表示员工的反应是积极的，尤其是沃尔玛所提供的 App 中的 GPS 功能可以让员工通过智能手机找到更快回家的路线。

有人认为，众包运输可能带来更多的行驶里程和排放，而不是更少。沃尔玛的方案不存在这样的问题，因为员工是从商店（货物也在同一地点）出发回家，并在途中完成投递的。

案例研究 11.3

最后一公里交付创新——地址转换

许多公司正在试验新的解决方案。通过这些方案，它们可以将包裹高效且廉价地送到客户手中。目前，一些初创企业正在考虑如何向新兴市场中的电子商务客户提供服务，有时客户甚至连地址都没有。

中国和印度拥有庞大的中等收入人群，其市场对线上零售商有非常大的吸引力。然而，在中东和非洲的许多地区还存在地址模糊不清或根本没有地址的问题。很多人生活在农村，那里很少有地址信息，更不用说邮政编码了。一个家庭住址往往没有门牌号，只有街道甚至城镇的名称。

在阿里巴巴或 Flipkart 等亚洲主要电子商务网站上，没有完整地址的客户可以在结账页面中输入他们的姓名、电话号码和所在城镇的名称，还可以输入一个当地的地标（作为地址的一部分）。然后，包裹被送到一个收货点，或者送货司机在一个大概的地点附近给顾客打电话，询问具体的路线。

目前，各家公司正在利用 App 和定制的全球地址转换系统等技术开发解决方案，这些解决方案可以使针对这些偏远地区的货物配送变得更加轻松。令人惊讶的是，这些公司没有使用经纬度地理坐标，而是开发了自己的坐标系统。它们为地球上的每个点创建独特的地址码，使用比经纬度更短、更简单的名称。

进军该领域的公司包括 Fetchr 和 what3words。Fetchr 开发了一款按需交付应用程序，使用客户的手机作为地址。这家在迪拜、巴林、沙特阿拉伯和埃及都有业务的快递公司已经筹集了 1 250 万美元的资金。

what3words 为地球表面每个约 3 米长、3 米宽的方块分配了一个由三个单词组成的独特标识。它声称这种标识比邮政地址更加准确，比坐标更好记。Aramex 向 what3words 投资了 300 万美元，以改善其在中东地区、非洲和亚洲的电子商务配送服务。

此外，总部位于内罗毕的 OkHi 有限公司筹集了 110 万美元，用于开发一种通过 App 创建“地址”的技术，该技术融合了地理位置和客户住宅照片。该公司的创始人表示，这项技术可以将电子商务配送时间缩短 50%。

总结

按需交付和众包运输是与第四次工业革命关系最密切相关的两项创新。在这两种模式中，按需交付看起来更成功，它主要用于外卖配送。它为咖啡馆和餐馆（以及一些零售商）提供了送货上门服务，而这种服务在以前是大型卖场的专利。不过，政治压力可能导致对这个行业的监管变得更加严格，尤其考虑到大型雇主有可能剥削其劳动力。与零时工合同（Zero-hour Contract）一样，这将是一个争议不断的话题。

相比之下，众包运输是否会像许多人认为的那样成为“游戏规则改变者”还有待观察。从理论上来讲，共享以前未被充分利用的运输资产所释放的价值应该是巨大的。然而，在更广泛地采用这一模式之前还需要克服重重障碍。

THE LOGISTICS AND SUPPLY CHAIN INNOVATION HANDBOOK

Disruptive Technologies and New Business Models

第 12 章

自动驾驶汽车与送货机器人

本章将介绍：

- 自动驾驶汽车的发展背景；
- 采用自动驾驶汽车所面临的障碍；
- 自动驾驶的级别；
- 自动跟车的含义及其好处；
- 无人机的发展前景；
- 自动驾驶船舶的发展及其前景；
- 送货机器人在最后一公里交付中的作用。

随着谷歌及优步等科技巨头和汽车制造商大举投资自动驾驶汽车，它们出现在世界各地的道路上只是时间问题。事实上，许多辅助技术（如辅助停车）已经得到了应用。现在，车辆不仅可以与周围的车辆进行通信，还可以与公路基础设施进行交互。

虽然主要的新闻报道集中在家用汽车上，但汽车制造商（既有老牌的，也有新兴的）已经在自动驾驶卡车开发上投入了数十亿美元，并且已经取得了重大进展。例如，一辆梅赛德斯 - 奔驰（Mercedes-Benz）原型卡车在德国一条高速公路上实现了自动驾驶，并在真实驾驶条件下成功地穿过了一个交叉路口。

车辆之间能够互相沟通，这使得自动跟车成为可能。卡车（甚至家用汽车）将能够在高速公路上组成车队行驶，由前方的导航车引导。根据美国国家环境保护局的数据，这可以降低 8% ~ 11% 的燃料成本。

车辆（包括乘用车和卡车）产生的数据量会越发庞大，如果对数据进行充分和实时的分析，将提高行驶效率，主要是避免拥堵。这些数据可以由交通主管部门（如市政当局或高速公路管理机构）生成，也可以由向用户提供路况信息的私营公司生成。最近比较流行的做法是数据由App生成，驾驶员在发现事故时可以用App记录并上报信息，这实际上是动员了所有的自驾司机，他们在行驶过程中扮演了交通监督员的角色。

自动驾驶卡车的优越性

提升效率

投资这项技术的重要原因之一是可以提高运输效率。据预测，在不久的将来，交通堵塞将会更加严重，因此很有必要改变经济增长与车辆流动之间的必然联系。德国当局预测，除非采取措施，否则到2030年卡车运输量将增加39%。从环保的角度来看，修建新公路并非最佳方案，而且欧洲的许多国家没有足够的资金来进行该项投资。西欧的主要干线公路里程自21世纪头10年末期以来几乎没有增长。因此，更高效地利用既有道路变得至关重要，新技术有助于实现这一目标。

节约成本

据估计，在欧洲的许多国家，道路货运公司总成本的约45%与司机有关。去除司机（多年来没有人认为这是可能的）会对运输成本、利润和利润率产生巨大的影响。

另一个问题是迫在眉睫的司机短缺危机。由于离家时间长、工资低、工作条件差，许多人越来越不愿意从事司机这一职业，这将最终导致道路货运公司及其客户的成本增加。如果把行驶过程中的操控驾驶工作托付给计算机，就可以大大减轻司机的负担，工作环境也会变得很轻松且具有吸引力。这也使驾驶员的工作更有价值，因为司机将有时间去承担另外一些重要的工作，如管理运输的相关事务。

综上所述，汽车制造商认为，该技术提高效率的形式有以下几种：

- 减少燃料消耗——计算机可以更高效地驾驶车辆；
- 减少排放——出于同样的原因；
- 100% 的连通性和定位服务，实现完美的行驶路线规划；
- 故障分析判断，确保必需的维护及降低发生故障的概率；
- 紧急制动确保减少事故，车辆之间的距离可以缩短；
- 根据已知的拥堵区域重新规划行驶路线；
- 由人为失误（如疲劳）引起的事故大大减少；
- 与客户通信，使交付时间对客户可见，并可以根据路况随时调整。

采用自动驾驶汽车所面临的障碍

美国在自动驾驶汽车发展这个方面处于领先地位，当然，其他国家的发展速度也不慢。截至 2018 年 5 月 1 日，美国的 29 个州已经颁布了允许自动驾驶汽车测试和运营的法律。这个数字在年初时还是 11 个。在欧洲，西班牙、意大利、芬兰和希腊也进行了某种形式的立法。

不过，从现阶段来看，让卡车不再需要司机还有很长的路要走，同时还障碍重重，这些障碍不仅来自劳工组织，还来自监管机构，甚至普罗大众。只要回顾铁路的兴起与发展过程，就不难明白这一切。

尽管无人驾驶运输列车的技术已经存在了许多年，但投入使用的很少。从理论上来讲，铁路高度安全的环境应该非常适合使用这种技术。事实上，考虑到铁路网络的许多线路都存在拥堵情况，以及建设新基础设施的费用，自动驾驶技术在几年前就应该投入应用。这似乎是显而易见的，至少应该有实施这些技术的计划。然而，事实并非如此，这或许暗示了道路货运业的变革将面临的问题。

正因为如此，戴姆勒等汽车制造商在措辞上非常谨慎，不愿触动既得利益。在可预见的未来，它们正在开发的技术将帮助司机，而不是接管驾驶。或许可以拿飞机驾驶员举例，他们在起飞后使用自动驾驶仪，只有在即将着陆时才恢复手动控制。尽管在许多机场，一些较新的客机具有自动降落功能，但这受到数据安全、保险责任和驾驶员等多个方面的牵制。

技术进步

自动驾驶汽车的发展不会是一蹴而就的。通过一系列渐进式的改进，制造商将创造出更多的增强功能，这些增强功能最终将集成在一起，实现高水平的自动化。美国汽车工程师协会对自动驾驶进行了分级，如表 12.1 所示。

表 12.1　自动驾驶级别

级别	类型	例子
零级	无驾驶自动化	—
一级	驾驶员辅助	自适应巡航控制，或者车道居中保持
二级	部分驾驶自动化	自适应巡航控制，兼备车道居中保持
三级	（有条件）自动驾驶	低速自动驾驶
四级	（高度）自动驾驶	在市中心自动驾驶
五级	（全面）自动驾驶	在各种环境中自动驾驶

来源：美国汽车工程师协会

三级及以上被称为自动驾驶。卡车制造商已经达到了较低的级别。例如，自 2015 年 11 月以来，自动紧急制动（Autonomous Emergency Braking，AEB）系统已经成为欧洲部署的新型重型卡车（Heavy Goods Vehicle，HGV）的一个强制性功能。

目前，市面上最先进的自动驾驶系统是特斯拉的 Autopilot 功能，该功能被美国国家公路交通安全管理局（National Highway Transportation Safety

Administration，NHTSA）列为二级自动驾驶。Autopilot 于 2014 年 10 月面世，为驾驶员提供向前碰撞预警、AEB、自适应巡航控制和自动转向功能。这些功能使系统能够根据交通条件调整车辆的行驶速度，保持在车道内行驶，切换车道，在高速公路间换道，离开高速公路及自动停车。

在这些较为特别的驾驶操作中，仍少不了人工监督，在某些情况下需要手动控制。2016 年 5 月，一辆特斯拉 Model S 与一辆铰接式卡车相撞，导致一名司机死亡。当时，自动驾驶系统已经在撞击点采取避险措施，后来通过分析才发现，这辆 Model S 在接近卡车时未能识别其拖挂部分。

自动驾驶系统的合法性因国家而异，但多数国家可能会修订法律，允许使用自动驾驶仪及类似系统。例如，德国在 2017 年 5 月修订了相关条例，该条例允许某些类型的自动驾驶系统，这使此类系统的使用合法化。

三级自动驾驶即车辆可以在某些情况下（如高速公路等准受控环境）不需要驾驶员操控，对大多数正在探索这项技术的制造商来说，这在技术上是可行的。奥迪已经为 2018 年的 A8 配备了这种功能，沃尔沃则于 2018 年在伦敦西部部署了 100 辆具备三级自动驾驶功能的 XC90，作为其 Drive Me 项目的一部分。HGV 制造商拥有同样的技术，但考虑到操作如此大型和重型车辆的危险性，在公路上试验三级自动驾驶仍然受到限制。

自动跟车

作为二级自动驾驶技术，自动跟车是指由两辆或两辆以上的车辆组成车队。

当使用机器到机器（Machine to Machine，M2M）通信技术实现互联时，车辆之间可以形成一个本地网络，使它们协同工作。当第一辆车刹车时，车队中的其他车辆也同时刹车，不存在延时。

这项技术的结果是，一个车队中的车辆彼此之间的距离比根据人类反应时间计算出来的安全距离要短得多，从而大大减少了路面拥堵。欧洲智能交通协会表示，这将使领队车辆的油耗降低 1% ~ 8%，跟车车辆的油耗降低 7% ~ 16%。在实际使用中，每位司机都保持对车辆的独立控制，并可以在必要时脱离车队，如在高速公路坡道和车道汇集处。

继 2016 年 4 月 14 日《阿姆斯特丹宣言》(Amsterdam Declaration) 之后，欧盟制定了在其管辖范围内开发自动驾驶技术所需步骤的路线图。该宣言的重点是在 2025 年之前在欧洲部署多品牌车辆的自动跟车，包括一系列针对制造商的试验、调整自动驾驶汽车的监管框架，以及制定措施鼓励企业采用该技术。

作为该计划的一部分，2016 年几个半自动卡车车队从瑞典、丹麦、德国、比利时和荷兰穿越欧洲，抵达鹿特丹，这是达富（DAF）、戴姆勒、依维柯（Iveco）、曼恩（MAN）、斯堪尼亚（Scania）和沃尔沃共同发起的挑战的一部分。荷兰基础设施和环境部发布的报告称，卡车司机认为，车流汇入和上下坡是自动跟车中最具挑战性的部分。问题集中在高速公路坡道的跟车规则上，实践表明，保持小规模车队比散漫的行车更加安全。

虽然需要解决某些问题，如每个车队的最大车辆数、通信技术的标准化及驾驶员培训，但报告对自动跟车试验做了正面的总结。自动跟车并不是一次试验就可以解决的问题，在现实中还有许多不确定性。不过，这次测试证明了这个概念的可行性，将为进一步的自动跟车试验提供有用的初步经验。

综上所述，自动跟车是一项很有可能在不久的将来被道路货运业采用的技术。这从商业角度来看是可行的，而且这项技术的安全程度已经到了可以被监管机构接受的程度。当然，这两个方面的问题都有待解决，但该技术投入实际应用的前景是光明的。

完全自动驾驶的发展前景

尽管已经取得了重大进展，但目前离完全自动驾驶或无人驾驶仍有相当长的距离。眼下 AI 使用的编程技术不具备告诉计算机在陌生环境下应该采取哪些行动的能力。假如无法获得与这类情况相关的数据，当今的自动驾驶系统在遇到小概率事件时将无法正确应对。

此外，为了模拟 AI 对小概率事件的反应而设想这些情况本身就是一项挑战。自动驾驶汽车的物理安全性很难保证，因为基本上不可能进行真正全面的安全测试。

一些公司（如瑞典的初创企业 Einride）已经提出将远程操作作为部分解决方案。该公司的目标是生产出能在高速公路上实现完全自动驾驶的车辆。在高速公路上环境条件相对更容易控制，在城市区域或接近城市区域时可以由驾驶员接管车辆。

麻烦的是，这种解决方案给制造商带来了一系列的问题。随着远程连接的日益成熟，网络攻击带来的物理威胁显著增加。2015 年，黑客利用了一个“零日”（0Day）漏洞（即制造商不知道的系统漏洞），通过接入互联网娱乐系统，全面地控制了一辆吉普切诺基（Jeep Cherokee）。在这个例子中，攻击者只是展示了这个漏洞，也帮助菲亚特克莱斯勒发现了安全隐患，但这为所有的制造商敲响了警钟。安全漏洞不是自动驾驶系统独有的问题，但这些车辆极度依赖外部连接（典型的例子是自动跟车），这意味着它们非常容易受到攻击。

以上是对自动驾驶汽车在 2019 年的发展状况的一个评估。自 2010 年以来，AI 研究和开发的快速发展（在一定程度上得益于先进的游戏硬件的普及）发掘出了令人难以置信的潜力。

其他的自动驾驶设备

尽管到目前为止自动驾驶卡车最有可能颠覆既有交通系统，但相关发展绝非仅限于此，尤其是无人驾驶飞机（Unmanned Aerial Vehicle，UAV），它们更多时候被称为“无人机”。无人驾驶船舶的导航技术也在迎头赶上，飞机的自动驾驶技术在航空领域已经使用了几十年。

无人机

就媒体炒作而言，无人机取得了巨大成功。但在现实中，它们无法取代卡车和货车，这些卡车和货车每天在世界各地运送数以百万计的包裹。而无人机只能装载一个包裹，在速度和效率方面根本无法与之竞争，至少在主流市场中如此。

目前仍需解决的难题如下。

航程与有效载荷

目前正在开发的大多数无人机的最大有效载荷约为 3 公斤，京东的无人机最多可携带 15 公斤的包裹。由于有效载荷问题，无人机的电池续航时间很短。鉴于显而易见的原因，这对商业化运营是一个重大障碍，它会严重地影响配送范围。亚马逊、DPD（由 Atechsys 生产）、Flirtey 和 Matternet 目前正在试用的送货无人机，没有一款最高续航里程超过 30 公里。京东正在测试一款续航里程可达 50 公里的无人机。

安全与管制

电池续航时间及由断电造成的后果也是十分重要的问题。例如，无人机在拥挤的公共区域飞行时突然断电会造成严重的后果。此外，无人机飞进某些禁区（如机场或军事管制区域）也会引起极大的麻烦。

安全性

无人机及其携带产品的安全性正在接受严格的测试。Matternet 等公司正与瑞士邮政合作开展无人机项目，它们主张使用一个安全的着陆平台网络来保护无人机（并对其进行充电）。尽管如此，物理安全并不是唯一受到关注的问题。干扰无线电信号或侵入无人机的可能性是真正的不容忽视的威胁。

噪声和隐私

假如无人机被广泛应用于包裹投递，空间将会变得更加拥挤。这还会造成噪声污染和视觉干扰。

实用性

还有一个问题是，如果没有着陆区，无人机实际上难以向许多住宅或办公地点投递包裹。

针对各个细分市场的适用性

用于电子商务配送的无人机（最初由亚马逊的营销部门提出）转移了人们的注意力，其实无人机有更擅长也更需要它的领域。无人机在交通基础设施不足的地区可以大显身手，它们已经被证明非常适合在偏远地区运送紧急物资。成功的试验包括：

- 2014 年，敦豪速递的无人机从德国大陆向北海尤伊斯特岛运送药物；
- 自 2016 年 10 月起，Zipline 在卢旺达全境用无人机运送医疗用品；
- Matternet 为瑞士各地的医院提供服务，在医院之间运送血液和病理样本。

这些商业模式之所以可行，主要是因为缺乏交通基础设施。瑞士地形多山，是欧洲少数几个无法迅速运送医疗样本的国家之一，而卢旺达不发达的公路网是非洲中部地区交通基础设施的缩影。

无人机似乎很适合应用于欧洲和非洲，用来支持医疗业的运营。相比之下，中国幅员辽阔，这使得无人机更适用于电子商务包裹的投递。

顺丰和京东都在部署无人机，以满足中国农村地区的电子商务配送需求。自 2016 年以来，京东一直在北京、四川、陕西和江苏运营规模有限的无人机送货业务，京东认为这项技术能让它在与阿里巴巴的竞争中获得一定的优势。

京东 CEO 刘强东在接受美国全国广播公司财经频道采访时表示，与使用汽车或货车相比，使用无人机服务农村地区的成本“将下降至少 70%”。与竞争对手阿里巴巴相比，京东运营着一项更加纵向一体化的业务，它运营自己的物流基础设施，直接为客户提供服务。比竞争对手更快速地为农村客户提供服务使该公司能够进一步扩大其市场份额。

从最近的市场分析中得出的结论是明确的。在欧洲和北美洲，无人机可以为细分市场在紧急情况下提供送货服务，因为没有其他合适的方案可供选择。然而，在中国、印度和其他新兴市场，无人机送货可能会成为一种跨越式发展的技术，使蓬勃发展的电子商务能够克服基础设施不足的影响，直达消费者。

自动驾驶船舶

航运业内的许多人认为，无人驾驶船舶最终将完全取代船员。这种想法有很好的商业理由，因为自动驾驶船舶可以带来以下好处：

- 由于船员减少，劳动力成本降低；
- 无须为船员提供住宿，燃料成本降低（有可能降低 6%）；
- 造船成本降低，装载空间增加；
- 船员事故保险支出降低。

然而，成本情况并不完全是向好的。由于没有船员在现场进行修理和维护，船舶的功能设计需要提高安全系数，这将增加造船成本。虽然一些保险费用将被节省下来，但船员在减少海上事故（可能涉及其他船舶或港口基础设施）方面发挥的作用尚未得到充分评估。

货船的寿命一般长达 25 年，如果进行重新设计，那么肯定是不经济的，也会使人们失去对自动驾驶技术的兴趣。航运公司用新技术测试市场时，首先考虑的是对短程航运的较小投资。

有两家挪威公司正在开发一种据称将是首款全电动集装箱船的船舶。这项任务是由农业和化工公司雅苒国际（Yara International ASA）与商船、国防、航空航天及海上油气高科技系统制造商康士伯（Kongsberg）共同承担的。

它们的项目 Yara Birkeland 耗资 2 500 万美元，于 2018 年年底部署。该项目将把化肥从雅苒国际在拉维克的生产基地运到布雷维克，在挪威水域内行驶 60 公里。该船可以容纳 100 ~ 150 个集装箱，并将完全由一组 3.5 兆瓦时 ~ 4 兆瓦时的电池驱动。在最初的阶段，船员会介入操作，但 2020 年以后，它就是完全自动驾驶的。

最初的成本是很高的，因为它包含了 GPS、激光雷达、红外线和高分辨率摄像头的成本，而这些都是操作船舶所必需的。然而，它的运营成本可能比普通的集装箱船要低得多。报告显示，每年的运营成本有可能下降 90%，因为无须支付燃料成本或船员工资。

在这个领域里还有多种其他的探索和发展。康士伯与英国自动化船舶有限公司和法国近海服务公司正在开发一种自动巡航的测试船，这种船可以服务于近海能源业、水文和科学研究及近海渔业。与此同时，劳斯莱斯控股公司正在主导一个名为“先进自动水上巡航应用”（Advanced Autonomous Waterborne Applications，AAWA）的项目，该项目与其他公司和大学合作，在该领域开发新的解决方案。AAWA 旗下的一家波罗的海运营商 Finferries

正在将多种传感器和热成像摄像头部署在其 Stella 号渡轮上，Stella 号由船长操作。据说，通过提高船舶对周围环境的识别能力，船长可以更轻松地驾驭船舶，从而提高安全性。劳斯莱斯航运部总裁迈克尔·马基宁（Mikael Makinen）表示，航运自动化是航运业的未来。智能船舶和智能手机一样具有颠覆性，它将彻底改变船舶设计和运营格局。

迄今为止，这些项目的成功表明前途一片光明。雅苒国际的生产主管彼得·奥斯特博（Petter Ostbo）告诉《华尔街日报》（*Wall Street Journal*），该公司希望投资更大的无人驾驶船舶，行驶更长的航线，“甚至把我们的化肥从荷兰一路运到巴西”，届时，针对无人驾驶船舶的国际法规也会被制定出来。

国际海事组织（International Maritime Organization，IMO）也宣布，将开展一项关于修改法律以允许使用无人驾驶船舶的研究。不过，可能还需要一段时间才能制定出完整的监管条例。

与自动驾驶汽车所面临的情况一样，监管可能会推迟完全自动驾驶船舶的部署。然而，它所使用的配套技术已经通过降低燃料成本、提高安全性和辅助导航在协助航运方面发挥了一定的作用。在短期内，这些技术将作为人工作业的补充；从长远来看，技术会完全取代人工。

送货机器人

无人机的替代品是自动送货机器人。它们沿着既定路线行驶，而不是飞行，因此许多与无人机相关的问题并不存在。送货机器人以步行的速度在人行道和步行区行驶，自动导航到目的地，并可以自动避开障碍物和危险区域。它们的有效荷载可达 10 公斤，可以在约 6 公里的距离内运送货物。

自 2016 年以来，瑞士邮政一直在测试使用 Starship 科技公司提供的自动送货机器人，以评估它们是否适用于最后一公里交付。具体而言，瑞士邮政设想将这一解决方案用于需要在当地社区灵活、快速和廉价运送的物品。其中一些应用包括当日送达、一小时送达、杂货配送，甚至药品送货上门服务。

Just Eat 也在英国、德国和瑞士试用这些机器人。Hermes、麦德龙集团（Metro Group）和伦敦初创食品企业 Pronto 也参与了试用。作为欧洲项目的一部分，数十个机器人将被部署在五个城市进行测试，以便让公众了解这些设备。这些机器人可以在方圆 5 公里的范围内为消费者运送包裹、杂货和食品。

与无人机一样，现在就断定这种交付系统能否成功还为时过早。采用该系统仍面临着许多障碍，尤其是与雇用快递员相比投资回报率有多高、安全注意事项有哪些、如何躲避障碍物等问题仍有待解决。更重要的问题是，如何用机器人把货物送到客户手中。

总结

随着不同级别的自动驾驶技术的进步，无人驾驶汽车被接受的程度会逐步提高，包括在高速公路上的自动跟车车队及低速移动的机器人（如 Starship 科技公司的送货机器人）。运输自动化将大幅降低劳动力成本，而且随着按需交付的兴起，它可能会促进资产共享。在基础设施薄弱和人口分散的地区，无人机可以把以前规划外的配送区域与主流服务连接起来。

然而，无论是道路、空中还是海上，无人驾驶成为常态还需要很多年的时间。监管障碍、安全问题，更不用说商业现实，都会造成新技术的落地应用出现显著的延迟。目前，这些新技术将协助司机和船员，而不是取代他们。

THE LOGISTICS AND SUPPLY CHAIN INNOVATION HANDBOOK

Disruptive Technologies and New Business Models

第 13 章

替代动力系统

本章将介绍：

- 为什么要开发柴油和汽油发动机的替代品；
- 替代燃料能否被采用将取决于行驶里程和有效载荷等因素；
- 正在开发的替代燃料的种类及其优缺点；
- 主要运输服务提供商的车队正在试验和采用哪些燃料；
- 混合动力的工作方式及其有效性；
- 车队经理所面临的选择；
- 为了满足电动汽车的需求，充电网络有了哪些发展。

很明显，从世界各地监管机构所采取的环境和公共卫生政策来看，在未来几年，柴油驱动的货车和卡车在商用车中所占的比例将会变得很小。同样明显的是，尽管有各种替代能源，但没有一种燃料或技术能够完全替代柴油。

本章将介绍一些柴油动力系统的替代品及它们各自的优缺点，并简要讨论商用车制造商所采取的措施及其主张和现实情况。此外，本章还将介绍一些大型车队拥有者和承运商在哪些市场运营这些车辆，以及它们在开发替代动力货车和卡车方面所做出的努力。

不同的动力系统应对不同的需求

运输业对商用车的要求不同于乘用车，因为它们所承担的多种功能、它们所装载货物的重量、它们的停车次数及它们应当达到的行驶里程均不同于乘用车。

例如，轻型商用车（厢式货车）用于多次投递，在城市区域内工作，运载较轻的货物。较重型的货车能行驶较长的距离，停车次数少，还能装载较重的货物。柴油机的主要优点之一是通用性强，它在多种设备中都展现了良好的性能，这还不是替代动力系统能够具备的特性。目前，还没有一种技术可以取代柴油（或汽油）发动机。正如欧洲汽车制造商协会秘书长埃里克·乔纳特（Erik Jonnaert）所说，"不同的运输需求需要不同的运输解决方案"。相关政策必须承认并支持这种基于市场的做法。

另一个问题是，假如没有政府的支持，没有环境法规的认可，替代动力系统是不可能被开发出来的。柴油压倒性的优势及燃油效率的提高使人们对替代动力系统的投资缺乏热情。政策是非常重要的，政策催生了技术扩散的相关试验，这些试验通常会得到补贴，其中许多会在本章中得到强调。对车队采购经理来说，过去做选择要简单得多，因为只需要考虑效率、动力和成本，而且所有的货车和卡车制造商都提供功能类似的产品。如今，在政府监管和补贴不断变化的背景下，不仅有相互竞争的制造商，还有相互竞争的技术，情况已经变得复杂得多。

虽然人们对某项技术必然适用于某种车型还没有达成共识，但是很明显，纯电动或油电混合动力技术正受到小型厢式货车的青睐，特别是在市内运输方面。如今，液压混合动力汽车（参见下文对该术语的解释）也在开发中。

HGV 的问世则要晚得多，特斯拉等美国制造商正在进行相关工作。英国国家电网对电动 HGV 的前景持非常消极的看法。其报告称，"目前，重型卡车的电气化被认为是不可行的，而其他类型的燃料被认为更有可能用于这些大型车辆"。英国国家电网在 2017 年认为，天然气是未来的首选燃料。

并不是所有人都同意这个观点。ChargePoint 公司总裁兼 CEO 帕斯夸莱·罗马诺（Pasquale Romano）评论道："关于动力系统的争论已经结束，电气化已经成为各种运输工具的首选，这一点可以通过人们对电动卡车、飞机和其他电动运输工具日益增长的兴趣得到证明。”他相信，技术的进步会使电池小型化，同时仍能提供长途运输所需的电力（特斯拉也持相同的观点）。

对商用车进行分类，以便评估它们的需求，从而确定可能最合适的替代动力系统是很有必要的。为此，国际能源署（International Energy Agency，IEA）在2018年提出了三种分类：

- 重型货车（Heavy Freight Truck，HFT），车辆总重量超过15吨。
- 中型货车（Medium Freight Truck，MFT），车辆总重量为3.5吨～15吨。
- 轻型商用车（Light Commercial Vehicle，LCV），车辆总重量小于3.5吨。

HFT是道路货运活动的主力军，这主要是由道路货运的使用强度决定的。IEA在2018年估计，HFT占道路货运活动的70%，占卡车能源使用量的50%。

由于电子商务交易量的激增，LCV（也装载乘客）的数量增长达到了自2000年以来的最高水平。此外，对HFT的监管越多，轻型车辆的数量增长就越快。

了解全球商用车的车型构成，对评估市场规模以选择最合适的推进方式是有帮助的（见表13.1）。

表13.1　全球商用车的车型构成

车型	数量
LCV	1.3亿辆
MFT	3 200万辆
HFT	2 400万辆

来源：IEA

IEA发布的一个模型显示，在跨区域运输的情况下，不同类别的车辆在行驶里程方面的表现有相当大的差异。这主要是因为以下因素的影响：

- 道路的质量（由于道路质量较差，发展中国家的MFT占比高于HFT

占比）；

- 城市内（厢式货车更多）；
- 地理因素（城市之间距离较远的大国更喜欢 HFT）。

影响替代动力系统获得采用的关键因素是它们的行驶里程。用 IEA 统计的车辆每年总行驶里程除以每年的工作日数量，即可计算出平均每日行驶里程（见图 13.1）。

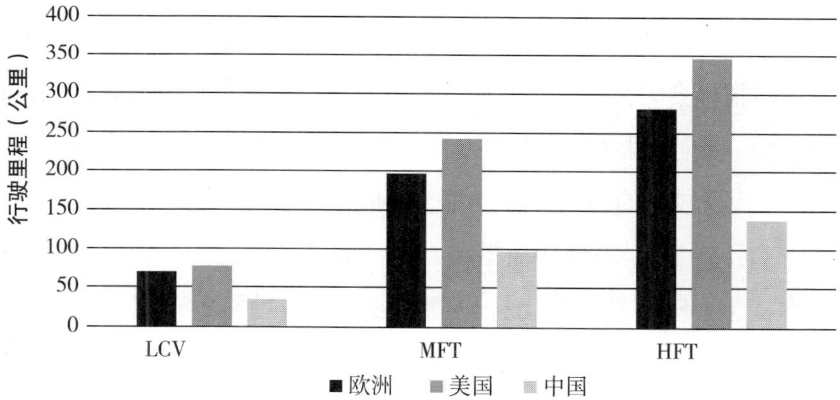

图 13.1　商用车日均行驶里程

我们从图 13.1 中可以看出：

- HFT 的日均行驶里程是 LCV 的 4 倍，是 MFT 的 1.5 倍；
- 中国商用车的日均行驶里程远低于欧洲或美国的商用车；
- 欧洲 HFT 的日均行驶里程为 281 公里，美国 HFT 的日均行驶里程为 346 公里，这对车辆的最大行驶里程和发动机技术性能会提出不同的要求（如果是电动汽车，还会对充电站等基础设施提出要求）；
- 中国 HFT 的日均行驶里程要少得多（只有 138 公里），因此不会面临上述问题；
- 欧洲 LCV 的日均行驶里程为 69 公里，美国 LCV 的日均行驶里程为

77 公里，中国 LCV 的日均行驶里程仅为 31 公里。看起来，电动汽车完全可以满足需求，目前每次充电可以保证 100 ~ 150 公里的行驶里程。

当然，这只是一个简单的分析，目的在于展示行驶里程与车辆功能之间的关系。它没有考虑组件的重量（例如，加装电池会降低有效载荷）及相关技术的成本。它也没有考虑到许多货车需要具备长途运输能力（例如，将货物运送到农村地区）。尽管如此，这可以作为制造商在为某个行业或区域开发车辆时的参考。与柴油技术不同，一款车型无法适用于所有的应用场景。

投资回报也会因公司的规模而产生差异。在美国进行的研究表明，拥有 1 ~ 20 辆车的小公司对新技术的投资回报期的要求为 6 ~ 36 个月（平均为 12 个月）。规模较大的公司可能会考虑较长的回报周期（18 ~ 48 个月），平均为 24 个月。因此，对使用新型动力系统的汽车的投资将受到行业规模的限制。事实上，许多物流服务提供商将业务分包给私营司机，由于更有限的投资回报期或缺乏资金，该系统的应用将被进一步推迟或应用水平将受到限制。

因此，一些人认为，该行业的结构需要政府进行一定的干预。如果运输服务提供商不愿意采用柴油的替代品，就需要采取监管与补贴相结合的措施，包括更高的柴油税，对污染最严重的车辆征收重税及过路费（在政府的职权范围内）。这些措施可以与旧车报废计划结合起来，并通过补贴零售价来支持新车的销售。

替代燃料的种类

各国政府和企业在替代燃料上都投入了大量的资金，目的是用可持续生产的替代品取代部分或全部碳基燃料。然而，在以石油为能源而设计的发动机中使用替代燃料并非易事。例如，如果生物乙醇在燃料中的比例达到一定的水平，那么它的腐蚀性意味着发动机部件必须经常更换。在总拥有成本的等式中，转换燃料的改造成本和加油基础设施的建设成本可能超过替代燃料（如天然气）的成本。

目前，商用车对能源的巨大需求是由柴油或汽油满足的（96.6%）。替代燃料的使用情况如表 13.2 所示。

表 13.2　替代燃料的使用情况

燃料		使用比例
生物燃料	生物柴油	1.6%
	生物乙醇	0.6%
	甲烷	＜ 0.01%
天然气		1.2%

来源：IEA

生物燃料

生物燃料是一种从有机植物或动物身上提取的燃料。生物燃料的发展对商用车越来越重要，它还是船舶或航空燃料的替代品。生物燃料可以单独使用，也可以与柴油混合使用（即所谓的“双燃料”）。

生物柴油

生物柴油是由动植物油制成的。这些油的主要来源因地区而异，取决于适合当地生长条件的作物。在北美洲，豆油是首选；在亚洲，最大的来源是棕榈油；在欧洲，菜籽油是最受欢迎的。

生物乙醇

生物乙醇是由含有淀粉等糖类的原料生产的，这意味着可以使用小麦、玉米、柳树和甘蔗等多种植物。

生物燃料在可持续发展方面存在问题。研究表明，尽管一氧化碳、碳氢化合物和二氧化硫的排放会减少，但氧化亚氮和挥发性有机化合物等其他污染物的排放却会增加。考虑到生物燃料在种植、收获、生产和运输过程中会产生大量的碳排放，其是否能减少碳排放还有待进一步验证。

甲烷

生物甲烷可以通过有机物质的厌氧分解过程产生，也可以通过将垃圾填埋场的垃圾转移到沼气厂产生。然而，仅从这些来源获得的生物甲烷不足以满足对替代燃料的需求。

天然气

天然气是甲烷的另一种来源，但只能以压缩天然气（Compressed Natural Gas，CNG）或液化天然气（Liquified Natural Gas，LNG）的形式运输，只有这样才能给卡车提供足够高的“燃料密度”。

这种燃料的一个缺点是加油站需要配备昂贵且复杂的设备（如低温储罐），这些设备增加了成本和燃料的可获得性。此外，在运输距离相同的情况下，LNG 的消耗量是柴油的两倍。

天然气的主要缺点之一是不够环保。作为矿物燃料，它被认为是“不干净的”。甲烷（最常用的气体之一）对全球暖化的影响是二氧化碳的 21 倍。还有部分原因是甲烷燃烧不完全，未燃尽的甲烷会重新进入大气层。

不过，天然气确实有它的优势。世界上大约有 22 万辆以天然气为动力的中型和重型卡车，它们受欢迎的原因是氮氧化物和微粒的排放量较少。它们也比同等的柴油发动机噪声更小，这使得它们特别适用于市内配送。

许多分析师认为，生物燃料和天然气最终将成为首选燃料，尤其是在 HFT 和 MFT 上。由于目前天然气动力卡车仅占全球卡车总数的 1% 左右，因此必须继续努力，前面还有很长的路要走。

商用化情况

当柴油价格随着石油价格的上涨而飙升时，许多拥有车队的运输服务提供商都愤然去寻找更便宜的替代燃料，尤其是天然气。油价下跌意味着，除了垃圾收集等细分市场，人们的热情已经开始消退。

1. 联合包裹

联合包裹在美国运营着 4 400 辆天然气动力汽车，该公司于 2017 年宣布将在其运营网络中增加 6 个新的天然气站，另外还将增加 390 辆新的天然气动力拖挂车和 50 辆 LNG 动力汽车。联合包裹车队采购总监迈克·卡斯特（Mike Casteel）在采访中说：

> 我们没有直接从柴油转向天然气。我们正在为车队增加天然气动力卡车和天然气站。在某些情况下，如老旧的柴油汽车被淘汰，我们会购买天然气动力卡车。天然气动力卡车在车队的比例保持增长。但到目前为止，即便在所有建造了天然气站的地方，我们仍继续使用柴油汽车和汽油汽车。

对联合包裹和其他一些运输服务提供商而言，这是一项长期的战略，它们不依赖于石油价格，尽管较低的成本收益会延缓商用化进程。对这些公司来说，迅速获得投资回报并不一定那么重要，因为它们通常会在很长一段时间使用这项资产，直至其报废，并不追求在较短的时间内收回投资。

2. 联邦快递

作为“地球智慧”计划的一部分，联邦快递最近投资了 100 多辆使用 CNG 的新型牵引车（及挂车），并在俄克拉荷马城货运中心进行测试。联邦快递表示，尽管 CNG 动力牵引车比传统柴油汽车更贵，但它们的行驶里程（1 200 公里）与传统柴油汽车差不多，而且驾驶员资格证也是一样的。车辆通过天然气站加气，这种燃料的压缩热更少，更多的 CNG 可以被放进油箱，从而确保行驶里程。

3. Wrightspeed

Wrightspeed 是美国的一家卡车制造公司，该公司已经有了由天然气涡轮机驱动的工作原型机。该公司已与一家新西兰巴士公司达成协议，为其发动机提供新动力。

氢燃料电池

就尾气排放而言，氢有可能成为一种完全清洁的能源。电是由氢和氧的化学反应产生的，只留下水蒸气作为废渣。然后，电力被用来为车辆提供动力。在这个方面，该技术将与电池或液压等其他储能方式展开竞争。

这是一项正在发展的技术，由于不产生污染物，它特别适合在城市环境中使用。

然而，氢并不能解决所有的污染问题。这种元素必须被生产出来，而且根据生产所使用的能源（如煤或天然气），可能会产生高水平的碳排放。另一个问题是必须开发氢燃料补给网络，以防止“里程焦虑”影响该技术的普及。

商用化情况

1. 联合包裹

联合包裹已经在其由替代燃料和先进技术汽车构成的滚动实验室（Rolling Laboratory）车队中部署了增程型燃料电池电动汽车（Fuel Cell Electric Vehicle，FCEV）的原型车。联合包裹正在与美国能源部及其他伙伴合作设计符合 6 级标准的零尾气排放中型卡车，这种卡车可以达到与联合包裹既有燃料汽车相同的行驶里程并运行在相同的路线上。

这种卡车将使用燃料电池发电以驱动车辆。第一辆 FCEV 原型车将被部署在萨克拉门托，联合包裹将在那里的街头巷尾开展测试，验证车辆的设计和核心性能。所有这些车辆都将被部署在加利福尼亚州，因为该州正在投资建设零尾气排放的交通运输系统，并在各地设置氢燃料站。联合包裹全球工程和可持续发展高级副总裁马克·华莱士（Mark Wallace）表示：

> 我们在燃料电池技术上面临的挑战是确保相关设计能够以商业化的规模满足车辆的独特运营需求……该项目旨在测试零尾气排放技术，这是联合包裹乃至整个运输业在真实道路上应用该技术所必不可少的测试。

每一辆 FCEV 都能自己发电，为电池持续充电，从而提供额外的电力和长达 200 公里的续航里程。联合包裹的卡车配备了 32 千瓦的燃料电池，还有 45 千瓦的蓄电池和 10 公斤的氢燃料。其动力系统依靠电池供电。这是它在各种路况（包括在高速公路上行驶）中的唯一动力来源。

2. 联邦快递

联邦快递与汽车制造商 Workhorse 合作，正在纽约测试一款使用 Plug Power 公司生产的 ProGen 氢发动机的电动汽车。这款氢动力电动卡车是首辆在标准商业环境中运行的卡车，部署在联邦快递日常的送货路线上。

Workhorse EGEN 5 级标准的零排放卡车可用于满足日常送货任务的需求，并且能节省燃料和运营成本，从而降低了包括车辆使用寿命在内的总拥有成本。

这种卡车可以使用位于纽约州拉瑟姆的氢燃料站，这是美国东海岸首批用于上路车辆的氢燃料站之一。

3. 尼古拉汽车公司

总部位于美国的尼古拉汽车公司已经开发了一种氢动力卡车，该公司声称这种卡车将实现零排放。该公司表示，它将实现这一目标，因为它计划建造自己的太阳能发电厂，生产从电解水中产生的清洁能源——氢。

此外，它还将在美国建立包括 50 个氢燃料站的网络。这种卡车的续航里程为 1 900 公里。该公司表示，除了氢电池，这种卡车还可以使用 320 千瓦的锂离子电池，不过氢电池将是主要的动力来源。该公司宣称，这种卡车还具备其他优势，包括：

- 运营成本只有柴油汽车的一半；
- 补能（充电或加氢）时间只有 15 分钟；
- 功率高达 1 000 马力[①]；
- 每升氢可行驶 8.5 千米。

2018 年 5 月，酿酒公司安海斯 - 布希（Anheuser-Busch）订购了多达 800 辆氢电混合动力卡车。从 2020 年开始，这些零排放卡车被整合到安海斯 - 布希公司的专用车队中。尼古拉汽车公司得到了一笔高达 90 亿美元的预订费。

电动汽车

近年来，电动汽车吸引了大量的关注，因为零尾气排放已成为政治上的需要。从运营的角度来看，电动货车和电动卡车制造商面临的主要挑战是续航里程较短（前文已经讨论过）及为车辆提供动力的电池较大且较重。这表明，这些车辆只适用于特定的领域，如城市物流。然而，使用柴油和电力的混合动力汽车已经被广泛采用。

电动汽车的优点是几乎没有废气排放，而且噪声很小。尽管在碳排放方面表现不错，但电动汽车的优越性还取决于为电池充电的燃料类型。如果为电网供电的发电站是石油或天然气发电站，那么汽车的排放量实际上是向上游转嫁了。如果最终的电力来源不是核能就是可再生能源，电动汽车的优越性就会更加突出。

特斯拉和其他汽车制造商正在电池技术上投入巨额资金。可以预料的是，到 2025 年，即使是最大的卡车，也可以使用电力作为动力。到那时，电动汽车可能仅被用于市内配送。其实，对电动汽车而言，即使只考虑城市和特大城市的增长，这也是一个足够重要的市场。

---

① 1 马力 ≈0.74 千瓦。

商用化情况

1. 特斯拉

特斯拉选择了一种全电动的方案，该方案使用的是为自己的车型定制开发的技术。关于特斯拉半挂车的细节很少，该计划引起了怀疑，因为批评者认为其所需的电池太大、太重。然而，特斯拉声称，根据订购的车型，其行驶里程将高达 500 公里或 800 公里。由于特斯拉半挂车的成本可能是传统卡车的两倍，因此在很长一段时间内，其节省的运营成本必须相当可观才能使其经济效益显现出来。

尽管如此，联合包裹还是预订了 125 辆特斯拉半挂车。特斯拉原本计划于 2019 年开始生产这种汽车，联合包裹将是首批使用这种汽车的公司之一。其他预订这种汽车的客户包括：

- 沃尔玛；
- 百事可乐（100 辆）；
- 联邦快递（20 辆）；
- Sysco（50 辆）；
- 敦豪速递（10 辆）；
- Ryder；
- JB Hunt；
- Flexport（1 辆）；
- Fercam（1 辆）；
- Girteka 物流公司（1 辆）。

2. 戴姆勒

凭借规模和能力，戴姆勒卡车或许是新一代卡车的最佳选择。作为世界上最成功的汽车制造商之一，该公司有辉煌的成绩，该公司在未来 10 年开始前推出一系列 eTrucks 的雄心让人不敢小觑。在既有车型的基础上，传统的动力系统已经被一个电动后轴取代，它的电机直接与轮毂相连。动力由一款由三个锂离子电池模块组成的电池组提供，其续航里程可达 200 公里。该公司表示，对市内配送来说，这已经足够长了。

敦豪速递货运公司已经部署了两辆戴姆勒的 FUSO eCanter 卡车，它们将在柏林市区进行为期 24 个月的测试。在总拥有成本方面，全电动、7.5 吨重的 FUSO eCanter 比柴油汽车更有优势。其续航里程约为 100 公里，最大商业有效载荷为 3.5 吨。

这两辆卡车将主要用于为柏林市中心的企业和私人客户运送货物。这些卡车将用于向私人客户运送重量超过 35 公斤的零担货物，如大型家用电器。敦豪速递货运公司将使用 FUSO eCanter 卡车进行取货和投递，目的是减少道路运输业务中取货和投递所产生的污染。

除了这两辆卡车，敦豪速递旗下的快递公司还正式接管了柏林地区的四辆电动卡车。快递公司将使用这四辆卡车在柏林市中心为公司和主要客户提供服务。电动卡车完全融入了日常运营，取代了以前的车辆。该测试的目的是获取更多关于使用电动卡车送货的真实信息。

3. 宝马

宝马公司部署了一辆全电动卡车，用于在配送中心之间运送货物。该汽车的续航里程为 100 公里，充电时间为 3 ~ 4 小时。该公司称，与柴油汽车相比，它每年将减少 11.8 吨二氧化碳排放。

4. 联合包裹

联合包裹已宣布计划部署 50 辆插电式电动卡车，其采购成本与传统燃料卡车相当。该公司正在与电动汽车制造商 Workhorse 合作设计全新的汽车，从而实现零尾气排放。

Workhorse 称，这些汽车的能源效率提高了近 400%。每辆卡车在两次充电之间的行驶里程约为 160 公里。联合包裹将主要在亚特兰大、达拉斯和洛杉矶等城市的道路上测试这些车辆。在完成真实作业测试之后，联合包裹和 Workhorse 将及时调整设计，以便在未来部署更大的车队。由于汽车的大部分维修费用都与发动机及相关部件有关，联合包裹预计新型插电式电动汽车的运营成本将低于柴油汽车或汽油汽车。联合包裹的目标是在合适的时候让这种新型电动汽车成为车队的标准配置。联合包裹的车队约有 3.5 万辆柴油或汽油卡车，工作在与新型电动汽车类似的日常行驶路线上，日均行驶里程也基本相同。

5. 德国邮政敦豪速递集团与福特

德国邮政敦豪速递集团与福特合作生产了 StreetScooter WORK XL 货车，这是一款使用了福特全顺（Transit）底盘的电动货车。该货车配备电池 - 电力动力系统，车身的设计和制造符合德国邮政敦豪速递集团的规格。

德国邮政敦豪速递集团和福特原本计划到 2019 年总共生产 2 500 辆电动货车。与 StreetScooter 既有的电动车型 WORK 和 WORK L 一样，WORK XL 也可以向第三方客户销售。

WORK XL 将可装载 20 立方米货物，有超过 200 个包裹的装载空间。这种电动货车配备了一个模块化电池系统，该系统可以提供 30 千瓦时 ~ 90 千瓦时的电力，续航里程为 80 ~ 200 公里。充电容量为 22 千瓦时，平均充电时间为 3 小时。

混合动力汽车

混合动力汽车可以选用汽油发动机或柴油发动机，这两种发动机都可以配置替代动力系统。

汽油或柴油混合动力车

这类汽车已经出现一段时间了，是乘用车的普遍选择（如丰田普锐斯）。这类车在普通发动机外增加了蓄电池，通过再生制动（刹车时回收能量）及充电站进行充电。电池通常在低速时使用，当速度提高时，汽油或柴油发动机将替代电池。

其优点是发动机很小（因为电池也可以提供动力），因此排放更少。这类汽车的问题是电池和其他部件的重量。还有，它并非如人们最初认为的那样不会产生污染，因为含有毒素的电池需要回收。此外，在较高的速度下，汽油或柴油发动机排放的污染物比一些最先进的节能柴油或汽油发动机要多。

液压混合动力汽车

还有一种替代方案正在开发中，那就是液压混合动力发动机。汽油或柴油发动机由一个单独通过再生制动运行的系统辅助。动能为泵提供动力，当制动时，该泵通过液压将能量转换到蓄能器中，该蓄能器充当电池（因为它能储存势能）。美国国家可再生能源实验室（National Renewable Energy Laboratory，NREL）表示，高达 70% 的动能可以被重新利用。蓄能器也能储存氮气，这些压缩气体可以直接为变速器或车轮提供动力。在制动过程中收集和储存能量的特点使得这些系统非常适用于包裹运送车辆，因为它们的运行是间歇性的。自 2012 年以来，联合包裹一直在美国测试这类系统。

目前有两种类型的液压混合动力汽车，分别是并联式液压混合动力汽车和串联式液压混合动力汽车。

- 并联式液压混合动力系统让电池在车辆加速时通过变速器为车辆提供额外动力，但它不能独立工作。这意味着传统的发动机不可能完全关闭。尽管如此，它仍然可以提升高达 40% 的燃油效率。
- 串联式液压混合动力系统提供动力时不通过变速器，而是直接将动力传递给车轮。这意味着它效率更高（可以提升高达 60% ~ 70% 的燃油效率），并可以在内燃机关闭时工作，实现零排放。

商用化情况

1. 福特

福特计划在 2022 年之前推出 40 款电动厢式货车，其中包括 16 款全电动车型。在全面投入生产之前，一款串联式液压混合动力原型车正在伦敦和巴伦西亚进行测试。福特全顺的四个车轮直接由电池驱动，并由 1 升规格的汽油发动机进行充电。这种货车并不是零排放的，它的好处是司机不用考虑续航里程问题，不用担心去哪里为电池充电。它可以直接用电池行驶几公里（福特目前建议行驶 50 公里，这个数字还可能会变大），这意味着它在未来将趋近于零排放。

这种车的总续航里程为 570 公里，有效载荷为 1 吨，指标高于竞争对手的纯电动汽车，因为它的混合动力特性使它的电池更轻。在伦敦交通局的支持下，20 辆福特全顺正在进行试验，收集的数据将被用来进行分析，以找出电池和汽油发动机之间的最佳配比。

这种厢式货车的成本将比传统柴油汽车高得多，尽管全生命周期成本还没有公布，但目前的混合动力厢式货车已经达到了获得政府补贴的标准。福特还与敦豪速递合作开发了一款更大的全电动商用车。

2. 联合包裹

联合包裹正在扩大其混合动力车队，并在 2015 年购买了 125 辆新型混合动力卡车。这种卡车具有相当可观的燃油经济性，其燃油经济性是纯柴油动力汽车的 4 倍。相比之前的混合动力设计，燃油经济性提高了 10% ~ 15%。它们使用小型内燃机和锂离子电池，每次可行驶 80 ~ 100 公里。

3. 联邦快递

联邦快递拥有北美洲最大的商用混合动力卡车车队之一。在洛杉矶、伦敦和巴黎，除了 19 辆全电动卡车，该公司还拥有 330 多辆混合动力卡车。

车队管理者的选择

表 13.3 说明，就大多数指标而言，柴油动力是车队经理目前的最佳选择。然而，从环保的角度考虑，尾气排放比其他因素更加重要。城市的柴油禁令是不可避免的，所有的主要制造商和卡车或货车的拥有者都应该在其长

期战略中考虑到这一点。

表 13.3　车队的考虑因素

燃料类型	续航里程	有效载荷	总体拥有成本	尾气排放	温室气体排放	充电或补能设施
柴油	是	是	是	是	是	是
电力	否	否	否	是	取决于生产源	否
混合动力	是	电池重量问题	否	部分排放	部分排放	是
液压混合动力	是	是	否	部分排放	部分排放	是
氢燃料电池	是	是	否	是	取决于生产源	否
天然气	是	是	否	是	否	否
生物燃料	是	是	否	是	否	否

应对电动汽车充电所带来的挑战

充电的挑战

电动汽车领域的一个基本问题是市场中是否有充足的电力供应，以满足长期预测中大量出现的乘用车和卡车。英国国家电网的一项研究预测，到 2050 年，仅在英国，电动汽车（包括乘用车和商用车）就将额外增加 18 吉瓦的电力需求，这比 2017 年的峰值负荷高出近三分之一。电动汽车将与工业和民用电器争夺用电。但是，英国国家电网断言，使用智能技术可以大大减少电动汽车对电力的需求（稍后再讨论）。英国国家电网研究了未来可能出现的四种场景：双赢（经济高速增长的同时达到各国政府承诺的气候变化目标），进展缓慢（经济增长缓慢，仅采取有限的政策干预），稳定状态（低经济增长率和收缩模式），以及消费型市场（高经济增长率和消费主导的社会）。

这项研究反映了消费者行为、用电需求及人们对电动汽车商业应用的看法。如果消费者（和企业）在高峰期为汽车充电，电力需求将达到前所未有的峰值水平，即便是发达国家的电网也难以应付，而这对许多发电能力较弱的国家来说或许是难以承受的。最好的情况是，如果企业在高峰期向消费者收取附加费，那么高峰期的需求可以得到一定的缓解。

为了扩大需求，也可以动用税收手段鼓励消费者和企业选择在非高峰期进行充电，但必须同时具备能显示最佳充电时段的智能设备。

充电方式

充电是阻碍电动汽车普及的最重要的因素之一。驾驶员对能否找到充电桩缺乏信心，尤其是当他们在郊区行驶时。不过，在政府补贴的鼓励政策之下，大量的市场参与者将进行巨额投资，这对快递公司的影响程度尚不明确。许多货车会在停车场里通宵充电，可能足够维持一天的行驶（取决于行驶路线和装载量）。在这种情况下，在途中充电可能会变得没有那么重要，至少对市内配送来说是这样的。

因此，除了全国充电站网络，还需要将一部分基础设施投资集中在中心化的充电枢纽站上，因为大量货车在短时间内充电将给地方电网造成很大的压力。当然，并不是所有的快递公司都会同时进行上述操作。这个行业越来越多地使用私营司机（即零工经济），司机下班后会把车开回家，用家里的充电桩给货车充电。这将把需求分散到更大的区域。当然，这并不会减少对电力供应的总需求。

停车场充电

正如前文所强调的，给大量的电动货车充电是一项挑战。Cross River Partnership 公司的电动货运项目经理坦贾·达勒 - 穆恩迈耶（Tanja Dalle-Muenchmeyer）在宣布最近与联合包裹就伦敦停车场达成的项目合作时表示：

> 我们之前对电动货车的研究表明，地方电网基础设施的限制是它们获得大规模应用的主要障碍之一。如果想从电动汽车带来的显著的空气质量和环

境效益中获益，我们就要找到更智能的电动汽车充电解决方案。

将外部电网升级为充电停车场是一项耗资巨大的工程，会让许多公司对采用电动货车望而却步。不过，联合包裹智能电网解决方案使用了一个中央服务器，它连接着每个充电桩、每个电网和每个现场储能站。这使得公司可以通过将充电时间分散到晚间的不同时段，将充电汽车的最大数量从 65 辆增加到 170 辆，而且不影响大楼的其他用电需求，也不超出电网的最大供电能力。

智能电网解决方案将与其他创新举措同时推出，包括传统电网升级、智能电网、现场电池储能站和本地发电（例如，使用屋顶的太阳能发电）。

在英国，总部位于伦敦的快递公司纽特货运（Gnewt Cargo）与 EO Charging 公司已在前者的仓库中安装了英国最大的电动汽车充电站，总共安装了 40 台新的 EO 智能充电器。此外，纽特货运还订购了 63 台智能充电器。该公司声称它拥有世界上最大的全电动车队，大约有 100 辆车。它在 2017 年在伦敦投递了超过 260 万个包裹。

在美国，意大利能源公司埃奈尔（Enel）收购了 eMotorwerks。eMotorwerks 提供一项智能技术，该技术可以远程控制充电站，实现所谓的“电网平衡”。它可以确定车辆的最佳充电时间。这些充电站还有一个电量储存单元，它可以在非高峰期充电，并在汽车接入时为汽车充电。

途中充电

除了停车场充电，对充电站的投资也在快速增加。目前主要的投资来自欧洲、美国和中国。内部充电设施与公共充电站的关键区别在于充电速度。公共的快速充电桩可以在 20 ~ 30 分钟内为电动汽车的电池充好电。这对快递业至关重要，因为时效性正是它提供的重要“产品”。

欧洲的情况

许多人认为，要让基础设施足以支持预期的电动汽车数量，欧洲就要大量建设充电桩。摩根士丹利银行估计，到 2030 年，西欧需要 100 万 ~ 300 万个公共充电桩，而目前的数量只有约 12 万个。

大多数快递公司都将在城市地区使用电动汽车车队，因为在这些地区随时充电并不是一个大问题。这意味着，随着电池技术的进步，车队可能会完全使用电力，而不是同时使用柴油和电力。

图 13.2 展示了欧洲主要国家 2017 年的充电桩数量，大部分充电桩的功率在 22 千瓦以下，估计只有 6% 支持快充。新的 Type-2 充电桩充电速度更快，但数量更少。Type-2 充电桩已被欧盟委员会纳为标准，这类充电桩将与日俱增，变得非常普及。政府补贴和监管及私营部门的投资正在推动充电桩的建设。

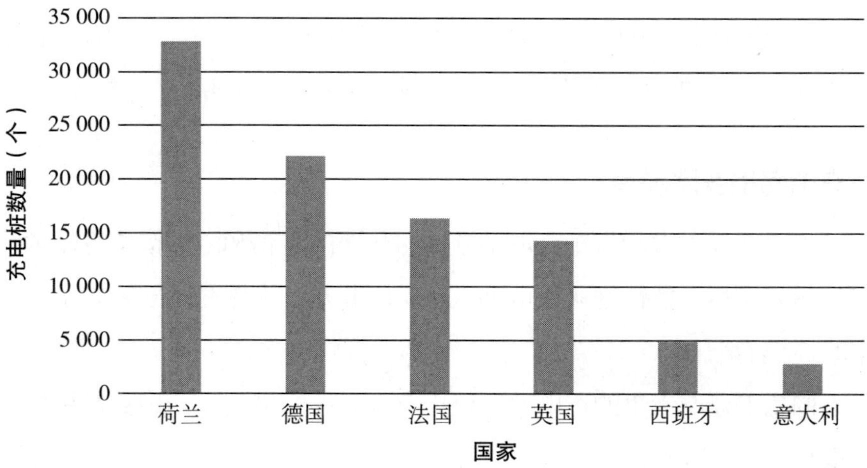

图 13.2　欧洲主要国家 2017 年的充电桩数量

欧洲最近的行动如下。

- 2017 年 11 月，壳牌与 IONITY（一个由宝马、福特、大众等汽车制造商组成的集团）合作，在欧洲开发高功率充电网络。

- 英国石油公司向美国电动汽车充电系统制造商 FreeWire 投资 500 万美元，FreeWire 的电动汽车充电系统将被部署到英国的加油站，该系统能够在 30 分钟内为一辆电动汽车充好电。
- 为了在核心的能源业务的多元化方面不被竞争对手超越，壳牌收购了 NewMotion，这是一家专门建造支持快速充电的公共电动汽车充电站的公司。与英国石油一样，它们已开始在英国建设充电站，并计划向欧洲其他地区扩张。这些充电站将与壳牌的充电桩网络一起运作。NewMotion 拥有超过 6.4 万个公共充电站，是欧洲最大的充电站网络，覆盖比利时、德国、英国、法国和荷兰。
- 美国的 ChargePoint 和法国的 Engie 之间的一个合作项目计划建立一个泛欧洲的高压快速充电站网络。
- 宝马、戴姆勒和西门子持有 Chargepoint 的部分股权，该公司与总部位于法国的 TSG（之前为 Tokheim 所有）建立了合作关系，为法国、德国、爱尔兰、荷兰和英国的加油站提供维护服务。

充电网络发展前景

投资正在涌入电动汽车充电站领域。政府的监管和激励措施将鼓励消费者和货运公司尽可能快地采用电动汽车，因此基础设施必须部署到位，以支持市场规模的增长。

人们急于建造大量的充电站，但更有针对性的措施是开发数量更显不足的充电桩。这可以让消费者和企业在一天内的任何时段均衡地充电，而不必等待夜晚时段充电。“电网平衡”之类的智能技术将变得非常重要，它可以确定给货车充电的最佳时间，尤其是在快递公司集中充电时。

涉及的参与者包括：

- 石油公司，它们正在寻求摆脱对化石燃料的依赖的方案；

- 配电公司，它们将迎接市场中出现的重大机遇；
- 汽车公司，它们需要密集的充电网络，以鼓励消费者购买电动汽车；
- 开发充电站的软硬件技术公司；
- 物业公司、零售商和加油站，它们希望利用其资产获得更多的利润；
- 应对气候变化和公共卫生问题的政府与地方当局。

总结

公共政策要求必须开发替代动力系统，以减少交通对环境和公共卫生的影响。全球最大的汽车制造商和车队运营者都愿意投资于这项最终将取代柴油动力的新技术。然而，到目前为止，没有任何技术能够全方位地超越柴油技术。

因此，考虑到技术进步和吸引投资，政府可能不会全面禁止柴油和汽油发动机汽车，而是为汽车业设定更合理的目标。

除了支持新技术和替代燃料的发展，政府还将继续鼓励对充电站和加油站的投资，并确保电力供应充足，不仅可以为货车和卡车充电，而且还将为即将出现的众多电动乘用车提供途中充电服务。

达富总裁、欧洲汽车制造商协会商用车委员会主席普雷斯顿·费特（Preston Feight）说：

> 替代动力汽车的可负担性是关键，因为承运商只是想要通过它们的汽车赢利。税收政策、激励措施和公共采购可以成为刺激替代动力汽车销售的有效手段。非常重要的是，在这个方面要有足够明确、统一的政策，并保持政策的连续性。

第 14 章

国际货运代理的数字化

本章将介绍：

- 国际贸易和货运代理数字化的积极进展；
- 数字化对货运业意味着什么，给既有市场参与者造成了哪些威胁；
- 数字货运平台的兴起；
- 主要货运代理的数字化产品；
- 数字货运代理（如 Flexport）为客户提供了哪些服务；
- 如何适应新的数字环境并生存下去。

数字化的重要性

数字化是大势所趋，但货运代理现行的管理流程仍然是基于手工的。货运代理依靠电子邮件和电话联系承运商以确定报价和订单，它们被托运人认为是低技术含量且反应迟钝的。因此，基于云的即时报价和预订系统（如 Freightos 和 Cargobase）的出现导致一些人质疑传统的货运代理的效率，因为它们缺乏这些新平台所能提供的速度和可见性。

为了强调这一点，Freightos 在 2015 年进行了一项研究，该研究发现货运代理的平均报价时间是 90 小时。最快的需要 30 小时，而最慢的需要 840 小时。令人惊讶的是，只有 5 家公司在报价后随即跟进，以确保能赢得该笔业务。Freightos 还发现，最低价格和最高价格之间存在 41% 的差距。这种缺乏一致性的情况给人一种可见性不足的印象，许多公司正在努力克服流程中的这种缺陷，但这个方面的努力仍受到既有系统的限制，既有系统阻碍了新技术的部署。

这个方面的一个典型的例子是航空运单（Air Waybill，AWB）系统，这是一种代表托运人和承运商之间航空货运合同的文件。自 2010 年以来，国际航空运输协会（International Air Transport Association，IATA）一直鼓励航空公司和货运代理采用电子航空运单（eAWB），从而加快电子数据交换（Electronic Data Interchange，EDI）和整理文件的过程。某些特定的贸易航线会要求提交纸质文件，但全球约 80% 的货物都是通过兼容 eAWB 的航线运输的。即便如此，该系统投入实际应用的速度一直很缓慢。根据 IATA 的数据，2016 年 5 月，eAWB 的渗透率仅达到出货量的 39%。此外，由于 AWB 只是航空货运所需的 30 份纸质文件中的 1 份，因此建立一个完整的电子货运系统还有很长的路要走。

eAWB 系统发展缓慢的部分原因是货运代理和承运商自身的系统缺乏灵活性。与供应链中的许多公司一样，航空公司和货运代理往往使用那些复杂的本地化系统，如 ERP 系统。在市场的头部企业中，这些系统往往是由一流的企业软件商开发的，如 SAP、Oracle 和 Epicor。ERP 系统管理组织内部的数据流，整合企业的后台功能，并使之实现自动化，包括采购、人力资源和客户关系管理。在这一点上，这些系统做得不错，但其缺点是高度僵化，很难适应新的外部需求。因此，它们限制了组织适应不断变化的客户需求的能力。其结果是变更成本往往高得离谱，进而削弱了组织的适应能力。

采用 ERP 系统的一个例子是敦豪速递全球货运代理（DHL Global Forwarding）尝试的项目“新货运代理环境”（New Forwarding Environment，NFE）。NFE 设想使用一种方法，通过更多地使用文件管理系统并利用其他方面的升级来提高全球货运的可见性并减少文书工作。该项目的一个重要推动因素在于，提高可见性将提升敦豪速递的整体效率并形成规模效应。但这最终未能实现，交付时间增加、执行中的错误及螺旋式上升的成本导致了项目的失败，该项目最终被迫取消。

考虑到这些问题，一些提供基于云架构服务的软件公司加快了步伐。通过使用大数据分析，这些公司对从货运代理（有时是承运商）那里收集来的数据进行排序，以便实时地自动绘制行业现货价格波动图。这些公司的优势在于能够根据现货价格数据提供实时报价和预订服务，它们借此在动荡的市场中脱颖而出。

数字化对货运代理的影响

新技术显著的优越之处是预订、报价和价格可见性的改善。许多大型的货运代理已经开发了自己的线上系统，如德迅、敦豪速递和 Agility 物流。其他的许多货运代理则选择通过 SaaS 平台购买这种技术的使用许可。SEKO 物流是 CargoSphere 技术公司的客户，该公司的重点客户包括汉宏物流（Hellmann Wordwide）、日本运通（Nippon Express）和 CEVA。Cargobase 技术公司宣称其已经为 25 家最大的航空货运代理中的 10 家提供服务。对货运代理来说，这些技术平台并非竞争对手，更像是重要的业务推进器。

假如货运代理不愿采用统一的、覆盖全公司的平台，就要付出巨大的成本。货运代理可以通过购买或获得授权许可的方式使用数据平台。数据统一性较高的公司将与数据碎片化的公司脱钩。很显然，前者将获得明显的优势。潜在的赢家或许包括康捷国际物流（Expeditors International）和德迅。

那些自认为优势尽失的企业的处境或许并没有那么糟糕，因为采用基于云的全新服务的价格要比自行部署企业级软件的价格合理得多。因此，规模较小的公司会发现，它们实际上更容易实现数据的统一。而维护昂贵的既有系统的大型企业会感觉到，实现这种转型非常困难。

数字化对物流巨头的威胁

货运代理面临着一个不可避免的威胁——货运业的去中介化，也就是托运人直接向承运商预订服务。在航运业，更多的托运人会直接向航运公司预订服务，但规模较小的公司没有必要这样做，因为它们更有可能从货运代理整合多方的团购方式中获益。有些小型托运人确实曾经选择与 SaaS 云服务公司合作，但它们后来又转向与货运代理合作，而非跨过货运代理。

在航空货运业，一个突出的去中介化案例来自荷兰皇家航空公司，该公司曾在 1999 年尝试采用直销方式。该公司明确表示，该计划背后的业务驱动因素只是为了与低端货运代理竞争，它并不打算将货运代理完全排除在外。尽管如此，这一举动还是让货运代理感到不安，以至于许多公司将业务转移到其他航空公司，这最终导致荷兰皇家航空公司货运量严重下滑，负责推动该项目的高管也被迫辞职。人们将这一案例视为一个警示，但航空货运流程的日益数字化可能会鼓励当今的航空公司再做一次尝试。

三大快递巨头（联合包裹、联邦快递和敦豪速递）以及新一代中国快递公司（顺丰、圆通等）也加入了这场竞争。它们给货运代理业带来的挑战远胜于单纯的去中介化，因为对托运高价值货物的托运人来说，这些快递公司是更有吸引力的合作伙伴。这些客户的产品通常需要准点发货（如某些药品和汽车零部件），利润率也很高。

快递公司拥有端到端运输的控制权，中间的分包商可以将运输信息实时汇总到快递公司的系统中，形成实时且一致的信息来源，在出现问题时可以直接干预。虽然跟踪技术有助于航空公司和货运代理提升货物运输过程的可见性，但快递公司在交付过程中对涉及的资产拥有直接控制权，因此它们始终在高端市场占据优势。

高价值物品快递市场的规模很大，而且还在持续增长，但它也有局限性，这使得货运代理和航空货运公司在其他市场中仍是主流。跨境 B2C 电子商务的出现对货运代理来说既是机遇也是威胁，新一代供应商正在进入这个市场。这类企业包括那些拥有技术背景的公司，如亚马逊和阿里巴巴的菜鸟网络及规模较小的货运代理，它们已经彻底改变了自己的内部业务。

Flexport CEO 瑞安·彼得森（Ryan Petersen）在与 NFE 讨论敦豪速递的问题时，如实地总结了这家老牌公司所面临的威胁：

> 物流公司有两种实现规模化的方式——收购和利用技术。一方面，技术可能会限制增长速度，因为技术的发挥受限于企业的规模；另一方面，规模化会成为收购方的一个障碍，因为很难将不同的平台整合起来。

数字货运代理平台

经纪业务（即买卖运力）是货运代理的主要业务之一，可以想象，它们很快就会意识到来自费率或现货价格平台的威胁。的确，与有托运需求的客户和多家承运商有长期合作关系的大型货运代理在实践中广泛使用各项技术。但货运代理的利润率普遍较低，技术投资的整体水平也比较低，这一直是一个大问题。

那些老牌的货运代理在 10 到 15 年前投资了大量的技术，许多货运代理今天仍在使用这些系统，这些系统甚至被嵌入组织的核心流程，但它们并不完美，维护难度很高。因此，它们对需要更多信息、更敏捷的 IT 解决方案的客户来说显得有些心有余而力不足，企业通常被迫从云端引入并未与核心系统对接的外部解决方案。相反，新兴的货运代理却以低得多的成本使用全新的解决方案，因为它们不用面对集成陈旧的既有系统的问题。

货运代理引入的任何解决方案都必须为客户增加价值。仅仅引入一个独立的功能模块（如费率引擎）是没有意义的，除非它与一个订单和发货管理系统集成，无缝地将信息直接从客户端传递到承运商。

简而言之，有许多解决特定问题的方案，但是除非货运代理能够将它们引入统一的框架，否则在这个方面投资可能只是在打水漂。老牌的货运代理必须更新既有系统，同时保持服务水平并降低成本。维护既有系统代价不菲，并会随着时间的推移越发昂贵，最终将变得难以为继。利用成本较低的云服务进行大规模替换比较容易，但这需要技能和专业知识才能实现。公司内部的观点分歧也是一个难点，特别是处理既有系统时。

行业调查：线上平台的使用情况

2017 年全球货运代理报告包含了来自 TI 的调查结果，人们对使用线上报价和预订工具（以改善与客户互动的便捷性和速度）的兴趣持续增强（见图 14.1）。

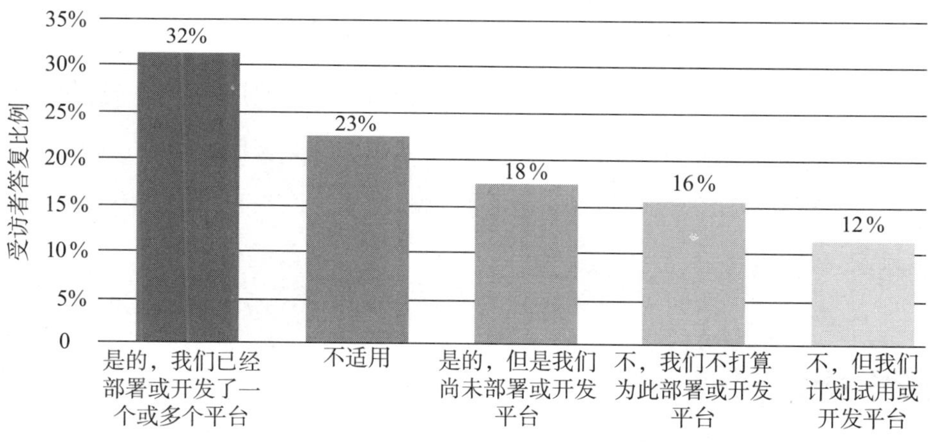

图 14.1　行业调查：线上平台的使用情况

半数受访者曾经尝试使用此类平台。其中，64% 的受访者后来部署或开发了这类系统，将其作为其组织内部的永久性的方案。

但是，总体而言，这表明该技术至少在开发阶段是被适度地采用的。后续的发展取决于这项技术的表现（见图 14.2）。在那些拥有在线报价和预订平台部署经验的受访者中，有 61% 的人指出平台的表现好坏参半，只有 14% 的受访者认为平台提供了可靠的功能。

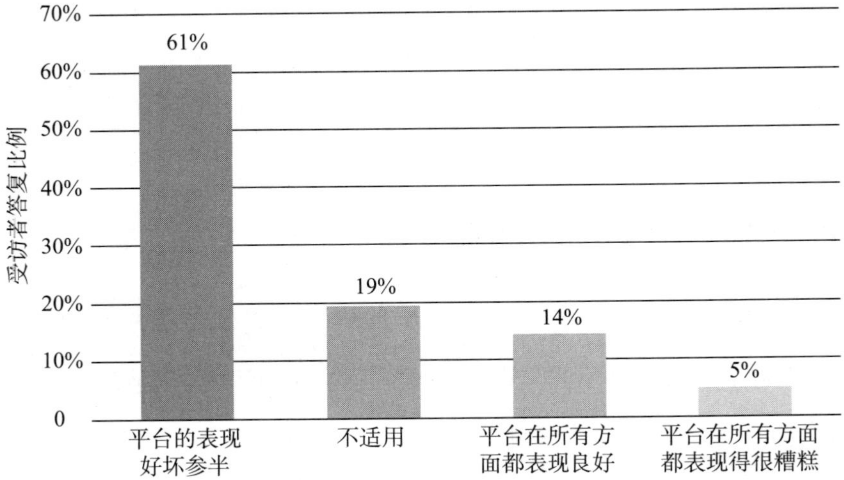

图 14.2　行业调查：线上平台的表现

看到这些结果，一些人可能会觉得目前的报价和预订平台没有提供物有所值的服务。然而，其他的许多企业显然更愿意接受它们，即使它们可能只适用于某些航线上的某些货物。随着时间的推移，这些平台将在不断的迭代中日臻完善。

数字货运代理

Flexport

Flexport 的投资者包括 Y Combinator、First Round、Founders Fund、Felicis、Google Ventures、Box Group、Bloomberg Beta、Susa Ventures、Yuri Milner、Ashton Kutcher、Peter Thiel 和 Joe Lonsdale。该公司通过这些投资者筹集了 2.016 亿美元的资金。

Flexport 是一家数字货运代理，使用统一的结构化数据，并通过 API 与客户交互。该公司并不专注于即时报价，但提供端到端的货运代理服务，包括清关。该公司专注于亚洲到美国西海岸的东向跨太平洋贸易通道，但在荷兰也有业务。

Flexport 的软件可以提供单个托盘级别的可见性，它正在将这种可见性整合到客户的 API 中。该公司还运行合规软件，这是一个服务于资产所有者（主要是道路货运公司）的平台，通过采购订单管理软件促进托运人和承运商之间的整合。虽然其他公司（如 Damco）也可以提供类似的服务，但它们通常基于较旧的技术，而且成本很高。值得注意的是，Flexport 所有的应用程序都是作为一款统一的软件平台的一部分从零开始构建的，避免了集成过程中容易出现的各种问题。在大型货运代理的信息孤岛中或公司完成并购后很容易产生这些问题。

平台后端为托运人和承运商提供了便捷的接口，该公司的自助网页服务接口对中小型企业客户有很大的吸引力，这些客户占 Flexport 客户群的很大一部分。根据其 CEO 瑞安·彼得森的说法，该公司的主要客户可以分为三类，分别是在亚马逊上销售商品的小型企业、对航空货运和航运都感兴趣的传统大型企业（包括普利司通轮胎）和还没有时间发展自己的物流能力但已经在快速增长的电子商务企业（包括哈利剃须刀）。

FreightHub

FreightHub 公司的投资者包括 Northzone、Global Founders Capital、Cherry Ventures、Cavalry Ventures、Saarbruecker21 和 La Famiglia。该公司总共筹集了 4 323 万美元的资金。

FreightHub 也是一家数字货运代理。该公司提供一个基于网络的货运报价、预订和跟踪系统，旨在通过透明的成本将自己与竞争对手区分开来。这是一家提供全程服务的货运公司，提供全球整箱、拼箱货运服务和航空货运服务，并由物流专家提供支持。FreightHub 的主要业务是西行亚欧公司（Westbound Asia-Europe）的贸易航线。

在2017年12月进行了一轮2 000万美元的A轮融资后，FreightHub CEO费里·海勒曼（Ferry Heilemann）表示：

> 这笔资金能让我们继续执行扩张计划，在亚洲和美国开设全新的中心枢纽……我们很高兴得到投资者的支持，不仅包括资本，也包括它们的国际网络，因为我们将要构建的是数字物流的支柱产业。

该公司在德国运营，在柏林和汉堡设有办事处。FreightHub的客户大约有650家，包括Home24、Lesara、Franke和Viessmann等。

iContainers

iContainers公司的投资者包括Kibo Ventures、Serena Capital和GrupoRomeu等。该公司已经筹集了833万美元的资金。

iContainers为国际航运提供了一个电商平台。该公司为特定贸易航线上的货物运输提供报价和预订服务。虽然该公司采用数字化优先的运营模式并强调自动化，但仍配备了专职的销售和运营客户经理为货运业务提供支持。iContainers运营着一个基于云的电商交易平台，该平台根据用户的偏好，将托运人的货物与合适的承运商匹配起来。该公司的服务覆盖了50万条不同的航线。除了为托运人提供报价和预订服务，iContainers还为用户提供发货跟踪、一键预订、价格提醒和海关通关等服务。

该公司的业务遍及全球，在迈阿密、巴塞罗那、鹿特丹和圣多明各设有办事处。

货运代理的数字化产品

Agility物流的Shipa Freight

Agility物流自2017年开始测试Shipa Freight，并于2018年4月正式推出该平台。Shipa Freight 为占全球贸易 95% 的国家提供了一个即时的、免费的报价平台，让用户通过一个简单的工具管理国际货运，这个程序可以安装在桌面计算机、笔记本电脑、平板电脑或移动设备上。

该平台最初针对中小型企业，提供透明、灵活、有竞争力的定价和客户服务。Agility 物流认为，迄今为止，这些服务只被提供给跨国公司和大客户。该平台让用户能够在线上完成发货，其功能包括预订服务、一系列支付选项和在线跟踪。

虽然费率的有效期为两到四周，但通过 Agility 物流的网络，散布在各个国家的运营部门都可以利用动态定价（按小时变化）对费率元素进行更新。根据该公司管理层的说法，Shipa Freight 适用于成千上万条贸易路线，尽管它尚不能提供有关可用运力的信息，但该平台包含一个合规工具，提供必要文档的详细信息及以前报价的记录。

德迅的 KN FreightNet

总部在瑞士的德迅于 2014 年推出了 KN FreightNet，用于航空货运业务。一年后，德迅推出了拼箱航运服务。通过 KN FreightNet，客户可以在线获得进出口货物的即时报价并下单。使用该平台不需要预先注册。

报价以简单的货物信息为基础，如原产地、最终目的地、重量和体积等。用户可以得到一个包含所有费用的端到端的运费明细，包括所有适用的附加费及估计的运输时间。订单的有效期为 30 天，用户可以保存订单以供未来使用。此外，用户还可以使用 KN Login 这款 App 跟踪拼箱货物状态和运输情况。

2017 年，德迅与阿里巴巴达成了一项协议，允许中国付费会员通过 FreightNet 平台获取航空货运和拼箱货运报价，预订取货和目的地送货服务。该计划针对中国的中小型企业，它们能够借此获得跨境贸易机会。

泛亚班拿

2017 年年底，泛亚班拿（Panalpina）开始试运行自己的在线即时报价和预订门户网站。最初的开发工作花了 9 个月，但预计这将成为一个更长期的项目（3~4 年）的一部分，最终目的是取代其既有的信息平台。公司在选定的航空货运客户中开始进行送货上门的试验。目前，费率引擎并不直接与承运商的费率门户网站互动，但这是最终目标。

与其他货运代理平台一样，该平台主要针对中小型企业，而不是已经签订了合同的全球航运公司。

敦豪速递

敦豪速递全球货运代理在 2017 年底推出了在线报价和预订服务。在主要的货运代理中，敦豪速递是最后提供这种服务的公司之一，部分原因可能是它内部的信息系统存在不少问题。

与其他报价平台一样，该平台可以让客户立即获得价格和合同。敦豪速递称其能够快速提供“基于门到门的全包运费的、极有竞争力的客户报价和运输信息”。

该报价和预订服务连接到敦豪速递全球货运代理的客户门户网站 DHL Interactive，该网站还提供货物跟踪及创建和分发定制发货报告的服务。该平台向 40 多个国家和地区提供服务，覆盖了全球大多数的主要航线。报价和预订服务可为每批不超过 2 000 千克的常规空运货物提供即时报价，并提供两种速度供用户选择。

丹马士物流的 Twill

2017 年春天，马士基旗下的货运代理丹马士物流（Damco）创办了一家数字“初创”企业——Twill。根据管理层的要求，其目标是为丹马士物流的既有客户提供服务，包括即时报价、集成文档处理、关键点检查和异常事件的主动管理。该公司专注于航运业务，使用包括非马士基在内的主要航运公司。不过，该公司特别重视技术发展，这也是它的总部与丹马士物流的总部不在同一栋楼里的原因之一。

Twill 目前提供从港口到客户门口的集装箱整箱航运服务，一般是从中国、印度、越南和印度尼西亚进口到英国、西班牙、波兰或捷克。

该服务始于亚欧航线，特别是英国，但它计划将欧洲大陆的港口纳入，其中最著名的是鹿特丹。2018 年年初，Twill 将业务扩张到印度，完成了第一笔出口预订业务。它希望将印度市场纳入其平台，使之成为进口国之一。

数字交易平台

Freightos

Freightos 的投资者包括 GE 风险投资、Aleph、Annox 资本投资、ICV、OurCrowd、MSR 资本投资和 Sadara 风险投资。

Freightos 最初是一个国际货运交易平台，现在已经建立了两个主要的服务平台，即 Freightos Accelerate 和 Freightos Marketplace。其中，Freightos Marketplace 是一个线上现货市场门户网站，托运人可以通过该网站预订货运代理服务。货运代理将其关于承运商合同的数据以 Excel 文件（每周超过 1 000 个）的形式发送给 Freightos，这些数据会被自动纳入货运代理数据库。通过汇总这些数据并算出不同航线和运输方式的平均现货价格，Freightos 能够立即自动为托运人提供现货报价。

Freightos Accelerate 是一个费率管理平台，用户可以通过它管理购买费用和自动销售业务。目前，大多数预订该服务的公司都使用它来执行公司内部的自动买卖流程，还有越来越多的公司正在使用它进行线上直销。该平台可以跟踪各种运输方式的费率。

在 2016 年 8 月收购 WebCargoNet 之后，Freightos 提高了 Freightos Accelerate 和 Freightos Marketplace 这两个平台的性能。WebCargoNet 是一个航空货运价格数据库，里面的数据直接从货运航空公司获取，Freightos 称它是该领域最大的数据库。

总体来说，最大的 25 家货运代理中有 23 家是 Freightos 在某些地区或特定模式下的客户，其中包括汉宏物流、泛亚班拿、CEVA 和日本运通。目前，该公司的平台主要面向美国和英国。

Cargobase

Cargobase 的投资者包括 500 Startups、Bukit Timah Capital 和 Ivan Yeo。该公司已获得了 130 万美元的投资。

Cargobase 为货运服务报价和预订提供了一个线上交易平台，具有报告、跟踪和支付功能。该平台提供航空货运、航运和包裹运输的现货市场预订服务，允许用户比较不同的运输方式。2016 年 7 月，该公司在其平台上增加了支持双方协商运输合同的功能，用户可以根据实际情况，在现货市场和既有合同供应商之间进行选择。

Cargobase 运行在一个基于云的 SaaS 平台上，该平台支持现货市场交易。该平台与德迅、康捷国际物流、丹麦得夫得斯（DSV）、联邦快递和敦豪速递等 300 多家物流服务提供商建立了联系。此外，来自 350 家航空公司的数据也被反馈到了平台上。该平台最初致力于航空货运（包机、航空快递、航班转运和普通航空货运）和道路货运服务，2016 年 11 月增加了航运服务，2017 年 7 月增加了快递服务。

2017 年 4 月，Cargobase 推出了一款名为“随途”（On The Go）的 App。该 App 让用户可以预订、确认和跟踪发货，并与物流服务提供商交换数据。

货运代理的生存之道

正如前文所述，货运代理可能会被托运人和承运商去中介化，就像航空客运业的许多旅行社一样。不过，今天的现实并非如此。

除了聚集各个方面的货物以便与承运商协商散货价格，大多数货运代理还承接原产地和目的地中央仓库的理货业务。此外，它们还提供往返这些仓储设施的运输服务，有时甚至管理端到端的整个流程，一直服务到客户家门口。

很明显，货运代理提供的不仅仅是点对点运输的便利性，但这就是当前的 SaaS 平台及其服务的承运商所能提供的一切。如果使用 Saas 平台，托运人就要处理货物进出港口或机场的问题，而这是货运代理提供的标准服务。

当考虑到来自亚马逊或菜鸟网络的潜在威胁时，货运代理的另一个优势是其业务在上下游合作伙伴之间能发挥公正的中介作用。像亚马逊这样的公司代表着一个完整的、垂直整合的运营体系，许多运输服务提供商可能会发现自己在这个体系里面临竞争，但货运代理是完全独立的。因此，它们可以发挥这种中立地位的优势，为整条供应链中的所有合作伙伴提供服务，这正是货运代理出现的最初原因。

成功的关键是真诚的合作。身处信息时代的货运代理拥有这样的潜力：通过与其客户更加自由地共享信息以充分利用网络效应。货运代理通过部署基于云的网络解决方案，使供应链中的每一个利益相关者都参与进来。货运代理可以在运输的全过程中尽其所能地施展作为中介的所有功能。

如今，运输过程的透明度有了很大的提高，运输过程与其他业务模块可以深度集成。通过将运输过程转化为供应链信息系统的一部分，货运代理正在朝着第四方物流（Fourth-Party Logistic，4PL）的方向发展。

4PL 通常被称为领先物流服务提供商，它们发挥协调和管理功能，位于 3PL 之上，作为客户供应链的一部分。通过将供应链外包给 4PL，企业实际上将其全部运输业务交给了外部供应商，而外部供应商拥有专业的知识和技术可以帮助企业降低成本、提高效率。

4PL 的神经中枢通常被称为控制塔（详见第 6 章）。控制塔有助于从代理商、客户和贸易伙伴采集数据并加以分析，它是由专业的供应链管理软件支持的，这种软件可以实现不同合作伙伴所使用的各种系统之间的互操作性。通过控制供应链的整个信息流，控制塔能够维护安全、提高效率并执行干预措施，从而确保流程顺利运行。货运代理通过将这一模式应用于自身的运营，确保了它们在 21 世纪作为供应链中介所履行的职能是重要的，甚至是不可或缺的。

事实上，4PL 模式的潜力可能更大。对货运代理来说，以这种平台方式运营的最终意义在于能够鸟瞰整个供应网络，而不是仅仅关注供应链的某个环节。托运人只关心自身的运营，但货运代理将在整个供应网络中促进伙伴关系，它们有能力促进彼此竞争的供应链之间的横向协作（详见第 1 章），最终使所有参与者受益。原理很简单，当几家零售商从同一家供应商采购产品时，如果希望提高效率并帮助所有的相关方降低成本，为什么不在运输和物流方面进行合作呢？

总结

毫无疑问，货运代理业正在经历一场数字革命。像 Flexport 这样的新型数字货运代理平台正在进入市场，并成功地从规模更大却行动更慢的既有货运代理手中夺取了市场份额。然而，对既有的货运代理来说，未来并不是黯淡的。那些能够认识到必须采用发展中的技术并将其作为供应链协调者工具的货运代理，完全有机会进入价值更高的领域。

在未来的供应链中，货运代理将协调和管理复杂的、全球性的数据流、资金流和物流，从而确保自己能在未来的几十年里继续生存下去。

第 15 章

颠覆贸易融资行业：区块链、银行与货运代理

本章将介绍：

- 贸易融资对国际供应链的重要性及其运行方式；
- 为什么该行业的传统模式在世界上的很多地方都让托运人感到失望；
- 这为创新者和新技术提供了哪些机会；
- 一些新进入者正在开发新的贸易融资产品和平台；
- 区块链和智能合约的作用；
- 货运代理所扮演的供应链中介的角色。

贸易融资是国际贸易最基本的内容。几个世纪以来，信用证、保险和担保促成了供应链中各方之间一定程度的信任，促进了跨境贸易，这种信任主要由银行作为后盾。换句话说，该模式为出口商提供了一种保证，即它们肯定能收到世界各地客户支付的货款。买方则从出口商那里获得了关于货物交付时间和地点的承诺。

尽管这种模式多年来似乎运行良好（毕竟这使全球化成为可能），但该行业正处于一场革命的边缘，即将成为被新技术撼动的拳击场。人们还希望这种颠覆为货运代理带来机会，它们可以利用自身作为供应链中介的角色，摆脱目前利润率较低的商业模式。这是因为，尽管贸易融资对跨国公司（全球商品流动的主要来源）很有效，但许多中小型企业（尤其是发展中国家的中小型企业）正日益被排除在外。

正是出于这个原因，世界贸易组织（World Trade Organization，WTO）、WEF和国际货币基金组织（International Monetary Fund，IMF）等组织正在呼吁改变这一局面。本章探讨了其中的原因和目前已经出现的机会。

什么是贸易融资

贸易融资经常被描述为国际贸易的润滑剂，因为它在缩小进口商和出口商对何时付款的期望的差距方面发挥了积极作用。

贸易融资一般分为两类，即公司间信贷和银行中介融资。

公司间信贷

这种类型的关系涉及卖方或买方的信用预付款，预付款的一方实际上有效地承担了风险。如果双方完全信任彼此，则可以基于开放账户结算交易。虽然很难获得准确的数据，但 WTO 认为，这类结算占全部结算的 40%~50%。

银行中介融资

当交易双方缺乏足够的信任时，中介机构就会介入以促成交易，通常使用信用证来明确合同条款。信用证规定，如果卖方履行了必需的义务，则买方银行承诺为购买的商品付款。信用证包含交货条件和相关文档。银行甚至可以更进一步，为出口商提供融资，使其能够从供应商那里购买商品。这类融资在贸易融资中所占的比例可能与公司间信贷相当，约为 40%。

尽管统计数据各不相同，但 WTO 估计，比例高达 80% 的全球贸易是由金融或信用保险支持的，其余则采用预付现金的方式。

为什么该行业需要变革

根据亚洲开发银行的一份报告，“在贸易融资运作良好的地方，风险得以规避，公司能够连接到不断扩大的全球价值链中，从而促进就业和生产力提升”。

然而，它似乎只能应用于低风险地区，并非在所有地方都能运行。这对许多业内人士来说是一个难题，今天的贸易融资被视为一种风险特别低的融资形式。国际商会（International Chamber of Commerce）称，违约率仅为0.021%，其中一半以上是通过出售银行拥有处置权的资产（即商品）收回的。

WEF表示，贸易融资方面的问题是2009年金融危机的后果，那次危机导致风险评估日益严苛，尽职调查力度大大增强。

其结果是，缺乏贸易融资成了国际贸易的主要障碍之一，尤其影响了非洲、加勒比、中亚和欧洲部分地区的新兴市场。IMF认为，这种情况可以部分归因于反洗钱法规和合规成本，这使得贸易融资对许多商业银行缺乏吸引力。报告称，这些银行服务的退出"可能会扰乱金融服务和跨境流动，包括贸易融资和汇款，潜在地破坏金融稳定、包容、增长和发展目标"。WTO还称，"在后金融危机时代，全球银行更不愿意投资于许多发展中国家"。

此外，有些人认为，规模较大的托运人可以优先获得银行和中介机构的融资，这在贸易融资紧缩的情况下增强了它们的优势。

另一个问题则是行政负担。发达国家和发展中国家的中小型企业在一定程度上都会受到官僚主义的阻碍，它们无力应对官僚主义。WTO表示，在所有中小型企业的贸易融资请求中有一半会被银行拒绝，相比之下，只有7%的跨国公司会被拒绝。

这导致了所谓的"融资缺口"，这已经被证明是全球贸易增长的绊脚石。这种差距在非洲和其他发展中地区体现得特别明显，尽管无法准确地统计其规模到底有多大。

贸易融资行业的创新者与颠覆者

这些系统性问题造成的供需失衡为当今的数字世界创造了机会。但首先，纸质文件过多的贸易文件系统必须予以数字化。如果可以使提单和信用证的基础流程更加高效和快捷，那么“了解你的客户”（Know Your Customer）及反洗钱等监管要求就更加容易达到。电子审计追溯是确保合规的有效手段。

如果能够有效利用大量产生的货运数据，就可以评估风险水平，进而促进企业创新，尤其是在贸易融资方面。

在软件层提供供应链可见性还有其他的优点。在长期交易中产生的信任促进了贸易融资领域衍生产品的发展，它们建立在发票保理这一概念的基础上。投资者可以把资金集中到某个资产类别中，并将其提供给中小型企业，为其出口业务提供资金。

在这个参与者日益增多的行业中，我们可以看到一些贸易融资创新的例子。

essDocs

essDocs 为出口、贸易和物流行业提供 SaaS 金融科技（Fintech）和供应链技术解决方案，以实现无纸化贸易为目标。essDocs 通过 CargoDocs 平台交付解决方案，该平台可将电子原始凭证的创建、审批和交换数字化，还可以让用户申请、签名、盖章和取回全球贸易所需的原始证书。CargoDocs 通过标题、质量、条件、位置和其他关键数据来降低风险，提高可见性和可控性。涉及的主要电子文件包括提单、存货单、原产地证书、商业发票和检验员证书。

Bolero

Bolero 公司成立于 20 世纪 90 年代，是另一家致力于行业数字化的解决方案提供商。它与企业软件公司 R3 合作，已经推出了一项新的电子提单（Electronic Bill of Lading，eBL）服务，并将连接多个贸易网络。相关方可以背书并验证电子提单的抬头，无须以纸质文件回复。

Interlinkages

Interlinkages 的总部位于中国香港，它在公司简介中称：

> 一个跨境贸易融资招标平台，旨在为包括中小型企业在内的各类企业的贸易融资提供最有效、最具成本效益及不偏向银行的解决方案，使国际贸易融资市场公平公正。

该平台利用易趣模式（如创始人所述），将“买家”（有钱可贷的人）与“卖家”（需要借钱为交易融资的人）匹配起来。它让贷款机构进入这个虚拟市场，并让出口商和交易商都能获得资金。该平台可以匹配供需双方，但并不承担交易风险。

Chained Finance

这是制造商富士康（Foxconn）的一家子公司与在线贷款服务平台点融成立的合资公司。该公司认为，既有的贸易融资安排只服务于大约 15% 的需要资金的供应商，这影响着 4 000 万家中国的中小型企业。其重点将放在电子、汽车制造业和时装业，其平台将采用最新的区块链技术，从而消除交易的另一方所面临的信任问题，并实现自动化执行。

在欧洲，银行也开始在这个领域发力，包括德意志银行（Deutsche Bank）、汇丰银行（HSBC）、荷兰合作银行（Rabobank）、比利时联合银行（KBC）、德国商业银行（Commerzbank）和法国兴业银行（Société Générale）在内的 11 家银行已要求 IBM 建立一个平台，为基于区块链技术、针对欧洲中小型企业的连锁融资提供类似的服务。该财团已被命名为巴达维亚（Batavia）。比利时联合银行 CIO 鲁迪·皮特斯（Rudi Peeters）在接受英国《金融时报》（*Financial Times*）采访时表示，区块链显然是贸易融资技术，因为既有流程是基于纸张的、复杂且昂贵的。他表示，最初这些银行的目标是跨境公路贸易路线，但随后该产品的服务范围便扩展至洲际贸易路线。托运人、货运代理及其他银行和信贷机构都可以使用该平台，中小型企业可以通过该平台跟踪发货情况，并使用智能合约在开具发票或交货完成时触发付款操作。其他银行也在建立类似的平台。

IBM 最初计划将重点放在欧洲的跨境贸易上，并计划在那之后进行国际扩张。在这样一个由风险投资支持的大量初创企业都以雄心和扩大规模的渴望而闻名的行业中，IBM 的这种做法可能显得过于保守。显然，IBM 是一家成熟的企业，知道如何建立共识，并且必须在构建与既有商业安排不冲突的联盟时深思熟虑。但当 IBM 试图与没有顾虑的小公司竞争时，却处于不利地位。

看看自 21 世纪头 10 年中期以来跨境数字支付公司数量的变化是很有启发性的，这些公司在被成熟的银行以数十亿美元收购之前已经发展为重要的外汇交易商。成熟的技术公司在技术上无可挑剔，但不具备这些数字支付公司所拥有的积极而敏捷的业务开发能力。

区块链与智能合约

智能合约出现的时间比区块链早得多。英国安理国际律师事务所（Allen & Overy）在 2018 年将智能合约定义为“双方已经达成一致并被编码到软件中的一组承诺，当满足条件时自动执行”。这并不局限于贸易融资合同，但由于之前列出的许多问题（信任、复杂性、时间和纸质文件的低效），智能合约确实可以为该行业带来很多好处。正如法律服务公司所声称的那样，区块链便捷且高效地从根本上提供了一个互信网络。

通过将金融交易流程固化到软件代码中，我们可以指定某个事件用来触发其他动作，其中最有代表性的是在完成货物交付的时候。当完成最后的交付并生成一份扫描或电子交付证明时，智能合约可以自动向供应链发送一个信号，如授权向出口商付款。

这基于一种假设，即智能合约是以出口商和进口商希望的方式运行的。它们原本可以通过消除人工操作来减少错误，但这并不能保证在最初编写硬代码时就不会犯错。智能合约在法律上如何发挥作用还有待观察。律师们表示，诉讼的负担将发生逆转。以往，出口商不得不要求损害赔偿，因为货物已经交付，而进口商已经拥有货物。目前，如果没有按照合同条款交货，索赔的责任将落在进口商的身上。

此外，当智能合约无法履行或存在虚假陈述或非法行为时，到底会发生什么？在某些情况下，智能合约可能根本不是合同，因为它可能不被某些地区的司法当局认可。

然而，非常有意义的是，区块链可以创建单一且几乎无法更改的记录，这意味着文档复制甚至伪造发票融资都将变得不可能。

货运代理的新战场

货运代理是国际供应链流程的关键参与者，对它们而言，在贸易融资革命中冲锋陷阵似乎是必然的。2009 年，敦豪速递与渣打银行在印度合作，在贸易文件数字化方面迈出了第一步。敦豪速递在配备专用设备的快递车中扫描贸易文件并以数字化的方式将其发送到相关银行，从而缩短了递送这些文件所花费的时间。

更吸引人眼球的是新进入市场的 Flexport。其投资计划包括向客户推出新的贸易融资产品。该公司产生和分析的大量供应链数据使其能够评估向制造商和出口商发放临时贷款的风险。这将显著地提高货运代理向中小型企业提供的服务的复杂程度，也将成为一个极大的竞争优势。

如果推出此类附加产品，货运代理就可以利用自己的资产负债表来增加附加值。货运代理是一项低利润业务，该行业的从业者一直在寻求提高盈利能力的方法，其中有些方法还算比较成功。然而，要想实现这一目标，货运代理就必须迅速行动，并与具备专业能力的公司合作。贸易融资完全可能使货运代理成为像联合包裹那样强大的公司，使之获得新的收入来源，并吸引大量利润率较高的中小型企业。如果不迅速采取行动，市场将会被其他贸易金融创新者占领。

总结

区块链等新技术正在撼动贸易融资领域，这些技术将向供应链参与者提供高水平的互信。这将对全球发展中地区的出口商产生积极的影响，因为它们目前难以获得资金。贸易融资也将被证明是货运代理的一个战略要地。新一代数字货运代理具备一个优势，那就是它们可以收集货主的行为数据，据此为中小型企业提供贷款，这也为它们提供了重要的收入来源。

THE LOGISTICS AND SUPPLY CHAIN INNOVATION HANDBOOK

Disruptive Technologies and New Business Models

第 16 章 线上零售的颠覆性力量

本章将介绍：

- 20 世纪 90 年代末以来零售业的转型，包括信息化、物流和最后一公里交付；
- 客户期望的亚马逊化和由此产生的供应链压缩；
- 零售商、物流和快递公司在采用这种新型商业模式时所面临的挑战，包括退货、市内配送、付款和海关手续；
- 零工经济的发展及由此带来的应对需求波峰、波谷的灵活性，以及即将出台的监管措施；
- 跨境线上零售的增长及其带来的挑战与机遇。

零售供应链的颠覆

自 20 世纪 90 年代末以来，由于电子商务的出现，零售业及支持零售业的物流和供应链行业发生了变化。仅举几例，Woolworths、Toys-R-Us、Sears 和 K-Mart 等知名零售商已经面临重组甚至破产，无法在已由亚马逊、阿里巴巴和易趣等主导的市场中展开竞争。这些公司为零售业带来了全新的商业模式：具有通过消费者的笔记本电脑或移动设备实现 7 × 24 小时营业的商店，具有比较产品和价格的功能及迅速、低成本地送货上门的能力，甚至在某些情况下直接送到消费者的冰箱里。

不断变化的零售环境造成了相关物流和运输领域的彻底重组。那些足够敏捷的公司接受了新的分销渠道并提供一系列的新服务，因此蓬勃发展起来。其中最重要的是负责 B2C 最后一公里交付的快递公司。这一趋势也为邮局创造了可喜的收入来源。在此之前，邮局一直难以承受邮件量下降给其业务带来的打击。

在此期间，快递业经历了重大变革。一开始，人们还不确定主要的快递公司（联合包裹、联邦快递或敦豪速递）是否会接受送货上门，原因是人们不在家造成的未投递包裹数量高企。而如今，B2C 已经成为市场参与者的战略和收入的重要组成部分。

展望未来，送货时间变得越来越短，当日送达和一两个小时送达服务的数量都在增加，这使客户有了更高的要求。最终收件人会要求更大的灵活性和更多的配送方案，以适应他们的生活方式，而不是考虑快递公司的业务能否支撑。技术正在弥补其中的差距，带来更高水平的客户服务，并且尽可能避免投递失败。

替代解决方案也在被不断地开发出来。快递柜、自提站点越来越受欢迎，全渠道零售商强调快速送货，这些举措不仅方便了顾客，而且对零售商来说也是一个收入来源。许多物流服务提供商为运输、配送和退货提供了定制的增值解决方案，在零售商的战略中也发挥着作用，因为这些解决方案能支持将服务扩张到新的国际市场。

最好的机会预计会出现在跨境电子商务市场，尽管起点比较低，但其增长速度要快于国内电子商务市场。咨询公司 Forrester 曾预测，2017 年至 2022 年跨境电子商务市场规模增长 17%，而整体电子商务市场规模（跨境和国内）则增长 12%。预计到 2022 年，跨境电子商务市场规模将占全球电子商务市场规模的 20%，约合 6 270 亿美元。敦豪速递的另一份报告称，跨境电子商务的销售额占全球电子商务销售额的 15%。

在所有市场中，亚太地区被认为是领先的，这在很大程度上要归功于中国，中国将成为进出口规模最大的跨境电子商务市场。收入的增长、中等收入群体的扩大、不满足于国内产品的群体都是让中国电子商务市场规模迅速扩大的重要因素。

与此同时，跨境电子商务的范围和产品种类也在不断地扩大和增多。长期以来，时装和电子产品一直是跨境销售中的主要产品，但现在产品种类正在增多，主要包括美容和化妆品、宠物护理、食品和饮料及体育用品。

在主要线上零售平台的推动下，电子商务有潜力把全球的中小型企业与全球市场连接起来。这可以为有能力抓住机会的人们带来重大的经济利益。但是，正如本章将要讨论的那样，要想在全球范围内实现机会均等，就必须克服许多物流挑战。如果不能解决这些问题，就很可能导致全球经济进一步分化为“数字富人”和“数字穷人”。

市场参与者及其定义

对市场参与者进行分类可以简化电子商务物流系统。

线上订单配送服务提供商

线上订单配送可以由零售商自己（即内部）或3PL（即外包）完成。许多大型线上零售商（如亚马逊）选择自行承担订单处理、拣选、包装、贴标签和发货等工作，因为这可以使其更方便地控制流程。许多小型线上零售商选择使用3PL，它们可以从3PL对技术系统和运营知识的投资中获益。

近年来，由于亚马逊也向其他零售商提供物流服务，市场的边界开始变得模糊起来。亚马逊的这一服务被称为FBA，它允许中小型企业在亚马逊配送中心储存产品。亚马逊负责整个订单流程，并管理最后一公里交付。这使得这家线上零售巨头与物流服务提供商展开了直接竞争，尽管目前许多物流服务提供商很乐意参与所谓的“合作竞争”——亚马逊不仅是它们的竞争对手，也是它们的主要客户。

随着传统的最后一公里交付公司（如联合包裹和联邦快递）和新的初创企业开始提供线上订单配送服务，该市场变得越来越热闹（见图16.1）。

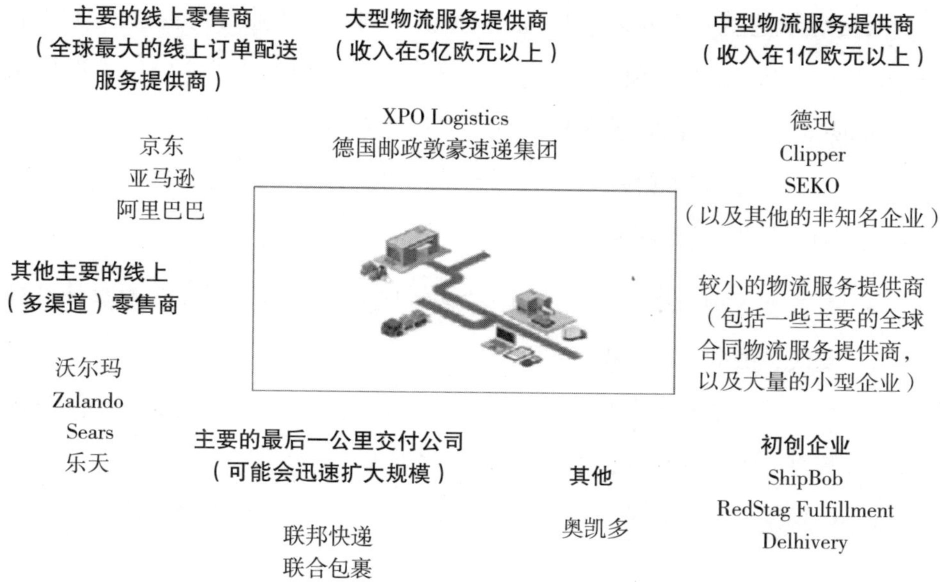

图 16.1　电子商务物流市场的关键参与者

最后一公里交付服务提供商

配送并不是线上零售面临的唯一挑战，但它改变了物流市场。在电子商务的最后一公里交付环节，物流服务提供商必须应对关键的市场驱动因素——快速、低成本、高质量的配送，这正在改变货物在运输过程最后一个环节的运输方式。

线上零售改变了最后一公里交付。发达市场增长缓慢，而线上零售业务却迅速增长。目前，快递业正借助电子商务交易量的支持，在全球范围内掀起一股强劲增长的势头。

该行业的参与者应对交易量快速增长（尤其是在高峰期）的能力参差不齐。例如，联合包裹在 2013 年的假日季遭遇了交易量的峰值，而英国运营商 City Link 未能找到一种可行的商业模式，无法以较低的单位收入应对高交易量。事实上，线上零售促使最后一公里交付业务发生了根本性的转变。

首先，快递业正在从以 B2B 业务为主转向以 B2C 业务为主。在 B2B 业务中，包裹被运送到较少的企业地址（通常位于主要商业中心内，首次投递成功率很高）；而在 B2C 业务中，快递员需要将包裹投递到不同的个人地址（通常位于相距较远的居民区，首次投递成功率较低）。两种交付方式之间的差异突显了不同的成本状况：

- 多包裹货物的交付不同于单个包裹的交付，前者增加了停靠点的数量及快递员的行驶里程；
- 交付地点的杂乱分散增加了行驶里程，两次交付之间的距离增大意味着更多的行驶里程，而且是无收入的；
- 如果第一次未能成功投递包裹，那么服务提供商还需要承担重复投递所产生的费用。

这一转变发生在快递市场全球化的背景下，主要是由于中国经济的快速增长和发展，以及联合包裹、联邦快递和敦豪速递对全球网络（尤其是空中网络）发展的重视。与此同时，邮政服务商也把线上零售视为解决邮件量下降问题的良方。

跨境交付服务提供商

相比国内最后一公里交付市场，跨境交付市场主要由三家公司主导——敦豪速递、联邦快递和联合包裹，尤其是在高端市场。较低端的市场竞争更激烈，邮局在其中也扮演着重要的角色。

在欧洲，道路跨境交付服务是主流。除了上述三家公司，DPD（法国邮政子公司）和 GLS（英国邮政子公司）拥有覆盖欧洲的服务网络，它们也是重要的参与者。

逆向物流（退货）服务提供商

线上零售商越来越多地提供一系列的产品特性，以促进顺利和高效的退货，包括：

- 包裹中包含预先打印好的退货标签和可重新密封的包装；
- 操作简单的自动退款流程；
- 程序简单、清晰；
- 可以选择将商品退回到任意位置，包括实体店、邮局、配送网络中的某个地点，如包裹收发点或快递柜。

但是，在许多情况下，引入此类服务意味着零售商依赖最后一公里交付公司来简化退货过程。这对整个最后一公里交付网络都产生了影响，尤其是寄件数量和成本，这些因素会对原本就已经比较微薄的利润产生压力。因此，最后一公里交付公司必须投资于退货业务。这个方面最典型的例子或许是联邦快递在 2015 年以 14 亿美元收购了逆向物流专家 Genco 公司。国家邮政局是主要的受益者之一，因为许多线上零售商要求收件人将货物包装好，然后通过邮政网络退回，这是成本最低的选择。

线上零售面临的挑战

线上零售商需要的配送系统比传统零售商更加复杂。除了需要管理越来越多的供应商和变化的库存，管理多种送货方式（如送货上门、门店自提、快递柜等）也使得运营变得更加复杂和困难。客户期望方便快捷的交付及具有灵活性的交付，这样的需求不断增加，不仅给快递公司带来了压力，还导致大量私营司机出现（即零工经济）。然而，除了运营和社会方面的挑战，还有监管方面的挑战，其中一些稍后将重点介绍。

市中心交付

世界各地的城市，无论是发达经济体中的，还是新兴经济体中的，都在经历人口的快速增长，同时也承受着超高的汽车尾气排放量。大量有待运送到这些人口众多的大城市及其周边地区的包裹应该如何处理？现在，许多城市已经实施了应对拥堵和污染的措施，包括：

- 征收交通拥堵费（伦敦）；
- 限制送货车辆的通行时间和区域；
- 将不同车辆的通行权限限制在特定的天数内，如按车牌号（墨西哥城、北京）；
- 定期封闭道路（波哥大）；
- 设置无车日和无车区域（巴黎）。

还有更加激进的措施，甚至包括在短时间内彻底禁止柴油汽车及在某些情况下禁止汽油汽车在市中心行驶。尽管这些措施可以实现政治目标，但针对柴油发动机汽车的法规和禁令对最后一公里交付的影响尚不明确。全球各大城市的综合竞争力基本都基于效率，尽管官员们声称必须消除污染的有害影响，但没有人愿意以牺牲就业为代价。如果城市供应链受到监管和延误的拖累，物流成本就会大幅上升，这可能就是结果。不过，这些威胁也促使许多快递公司在电动汽车和替代燃料上大举投资。

退货的挑战

零售商如何处理退货是该行业面临的最紧迫的问题之一。根据美国的统计数据，线上零售的平均退货率为25%~30%。专业科技公司Optoro估计，仅在美国，2017年假期退货的价值就高达900亿美元，全年总额更是达到了惊人的2 600亿美元。多达30%的线上零售消费者将退还商品，其中最有代表性的种类包括珠宝、电子产品、时装和家居用品。在2018年1月3日（联合包裹将其称为“国家退货日”），快递公司退回了180万件商品，比上一年增长8%。

与退货相关的财务成本相当高昂。联邦快递估计，这取决于涉及的商品，其成本占总成本的 20%~65%。美国的技术提供商 Datex 估计，退还在实体店购买的商品的平均费用为 3 美元，这些商品通常在第二天就能重新上架。但是，退货可能会让线上零售商产生 6 美元的费用，并且由于流程的复杂性，至少需要 4 天才能将其转售出去。这里面仍然存在低估，因为大多数退回商品从未被重新纳入供应链。咨询公司 Clear Return 估计，在英国，“黑色星期五”期间人们购买的价值 6 亿英镑的商品直至 12 月中旬仍在退货流程中。

通常来说，大多数线上零售商都希望将退货数量保持在最低水平，原因是显而易见的。不过，2017 年 6 月，亚马逊推出了亚马逊 Prime 衣橱服务。这种促销模式积极地鼓励消费者购买超出他们需求的时装，因为他们可以在家里试穿，然后把不喜欢或不合身的衣服退回去。该服务的特色包括：

- 每次最多选取 15 件商品；
- 最多试用 7 天；
- 免费退回衣服；
- 保留 5 件或更多的商品可享受 20% 的折扣；
- Prime 会员免费服务。

随着在线时装市场的快速增长，亚马逊的计划是通过这种非常规的营销创新来赢得市场份额。这在很大程度上培养了消费者的购物习惯，即一次购买多件商品，选择自己想要的，然后把剩下的退回去，这已经成为公认的行业惯例。

不过，亚马逊已经开始更改服务条款。从 2017 年 11 月起，客户可以订购的商品数量减少到 10 件，这可能是由退货成本决定的。折扣级别也已经改变。随着这项服务的测试继续进行，预计会有更多的变化。

鉴于亚马逊在这个领域已经走在了前面，其他具备同样能力的竞争对手很可能也会效仿。

第三方物流的作用

物流服务提供商是逆向物流的参与者。由于退货通常被许多制造商或零售商视为非核心流程，因此很有可能发生该流程被忽视或资金投入不足的情况。通过将该业务外包给专业的物流公司，企业可以把重心放在销售业务的主要方面，并确保客户服务水平和存货速率达到既定目标。

这对资产负债表也是有益的。线上零售商不需要在其进入的所有市场中都投资于仓库，因为它们可以利用物流服务提供商的仓库，利用它们的投资响应自己的客户。除了储存货物和将货物退回供应链，物流服务提供商还可以提供商品检查和翻新服务。

另一个便利之处是，托运人不需要具备专业知识，物流提供商可以利用它们在该领域的经验，对中小型企业或大型企业一视同仁。

物流或快递服务提供商在退货过程中的作用不可替代，其作用不仅是处理或运送产品。由于它们在物理距离上更靠近最终收件人，因此能够更快速地做出处理决策。这样做有几个好处：

- 在逆向物流过程中，可以更快地做出决策；
- 产品可以更快地返回供应链，进行修复或其他处置；
- 对最接件收人来说，退货更方便。

物流服务提供商所具备的专业知识使它们能够提供咨询服务，规划退货流程，并提出关于降低成本的建议。

既有的退货解决方案

对许多线上零售商来说，退货政策最关键的考虑因素是将运输和配送的成本降至最低，这比存货速率更加重要。也就是说，必须将产品重新纳入供应链。在这个过程中，速度通常不是关键因素，也无须向购买者更新订单状态，低成本的解决方案才是首选。把货物退回集散地意味着最后一公里（也可以算成开头一公里）运输是由最终收件人完成的，线上零售商因此避免了相关支出，只需要为退回物品付款或根据相关条款对收件人进行补偿。

- 邮局——绝大多数被退回的物品都是通过邮政网络的收发点投递的。
- 实体店——对在网上开店的实体零售商来说，把商品退回到任何一家实体店都是低成本的解决方案。
- 包裹收发点——有些运输服务提供商有自己的包裹收发点，消费者可以在那里退回他们在网上购买的商品。
- 快递柜——消费者将商品退回到快递柜。在火车站、停车场周边，这种柜子会越来越常见。

退货过程仍然会给消费者带来一些不便，因为他们通常需要打印退货标签（因此需要一台打印机），在某些情况下，还需要在家里等待快递员上门收取包裹。邮局有营业时间的限制，其他退货方式可能需要他们去附近的指定地点。

未来的退货解决方案

正在开发的用于最后一公里交付的技术在未来可能会被应用到逆向物流解决方案中。根据设想，随着技术的进步，企业可以根据自身需求随时通过App、通知消息、短信、社交媒体或众包平台等方式联系司机，消费者事先会得到上门收取包裹的通知，他们也可以告知快递员方便取货的时间，或者将包裹留在汽车后备箱或邻居家里。这使得提货变得更加便捷高效，不会给各方造成任何不便。

可见性也变得越来越重要，尽管传统上零售商对退货的重视程度较低。英国邮政提供一项跟踪服务，用其管理层的说法，这项服务能让客户跟踪包裹运送过程中的各个阶段，包括确认送达退货处理中心，从而加快退货处理和商品转售的速度。

零工经济

因为线上零售物流市场存在波动性（典型特征是需求高峰和低谷频繁出现），绝大多数最后一公里交付公司都采用了外包模式。承包商不仅要承担运输资产的投资成本，而且要承担计件收费或里程收费的收入风险。

线上零售市场更是如此，所谓的“免费送货”是许多公司的主要卖点。当然，这种营销方式的成本被摊到了快递员身上，导致报酬超低。

这引起了道德方面的担忧：市场进入壁垒低，愿意从事低技能工作的人多，某些快递员获得的收入仅够车辆的运营费用。有人指控，快递公司对某些快递员极尽压榨，不断从大量的新应聘者中挑选替代人员。

跨境电子商务的问题与风险

跨境电子商务的快速发展带来了另一个潜在的挑战。对敦豪速递、联邦快递和联合包裹等跨国快递公司而言，这是一个积极的趋势，但如今进行国际货物贸易的中小型企业数量激增，这给海关当局和其他监管机构带来了不少麻烦，包括：

- 单件货物运输量增加；
- 贸易商不熟悉国际货物运输规则和文件要求；
- 某些贸易商对寄售货物应缴纳的税款不太清楚或完全无知。

对电子商务公司而言，获得数百万甚至数十亿的新客户会让它们欣喜不已，但要找到国外市场的买家谈何容易。

除了显性的语言和汇率障碍，还有其他一些因素削弱了零售商跨境运营的能力。联合包裹最近针对欧洲跨境采购的研究发现，从其他国家的零售商采购时，人们考虑的因素包括：

- 支付的安全性（75% 的受访者）；

- 清楚地说明总成本，包括关税和其他费用（72% 的受访者）；
- 明确的退货政策（63% 的受访者）；
- 以采购方所在国货币显示所有价格（63% 的受访者）；
- 交付速度（62% 的受访者）。

欧盟（一个由一整套相互兼容的海关、税收和贸易规则管理的经济集团，绝大多数市场采用单一货币）使跨境电子商务变成了一个简单得多的业务。

在亚洲发达地区与新兴经济体中进行贸易时，情况会变得更加复杂。不同的国家具有独立的监管环境，许多人使用不同的语言和货币；大部分地区被水域隔开，这导致电子商务公司及其物流服务提供商必须解决各个区域内一系列不同的问题。

付款方式

欺诈是跨境线上零售商面临的危险陷阱。电子商务网站必须使用信誉良好且功能强大的支付系统，该系统应了解本地客户的行为，以减少可能发生的欺诈行为。

许多新兴经济体仍然是现金社会（即银行信用卡或借记卡未被广泛使用），这些市场中的消费者往往严重依赖货到付款，这种付款方式有一定的问题。消费者要把现金交给送货司机，还会推高退货率，尤其是在运输时间更长的跨境交易中。在货物被运输到目的地的过程中，消费者往往会在当地找到类似的产品。由于没有违约金或退款限制，消费者很可能会干脆地拒绝收货。这给卖家增加了额外的成本，尤其是因为退货涉及国际运输。

对于成功的交易，最后一公里交付公司需要收取现金，然后将它们存到安全的地方。为了降低风险，一些公司使用当地零售网点提供的现金托收服务，然后将款项以电子方式支付给卖家。

此外，跨境支付应该完全透明，应该把所有的运输成本、地方税费、关税和费用都包括在内，这样一来，消费者在所购商品到达时，就不会对额外的税款感到意外。详细解释当地的税收政策并告知消费者应该支付多少费用是非常有必要的，否则消费者购买的商品很可能会被退回，这将给零售商带来额外的损失。

跨境退货

跨境退货与最后一公里交付一样重要，处置不当会使客户对零售商产生负面的看法。

- 国际退货的成本很高，而且零售商和物流商难以管理。
- 物流解决方案包括聚集退回的物品，确定物品是否可以转售或进行其他处置，然后将其转交到适当的分销渠道。
- 由于各个国家和地区的法律法规不尽相同，因此此类处理往往是在退货发生地进行的。

与国内电子商务相比，跨境电子商务退货的成本要高得多，一些零售商采取了不同的策略来减少这个方面的损失。例如，当英国的线上零售商 ASOS 开始为美国客户提供服务时，它是通过其英国仓库提供商品的。为了降低退货成本（在时装业中，退货成本可能高达 50%~60%），ASOS 后来将所有的美国退货转到了美国配送中心，不仅减少了退货损失，还在当地保持了一定的库存。

监管

鉴于当地和境外的电子商务法律法规不尽相同，跨境电子商务卖家必须了解这些法律法规，以适应每个目标市场。

东南亚的许多国家及澳大利亚对从非本国卖家购买的线上商品收取附加税，这些费用由零售商承担，但实际上最终还是被转嫁给了消费者。此外，免收进口关税政策的变化会显著地影响市场增长，很可能在极短的时间内使原本有利可图的跨境销售市场变得对境外卖家没有吸引力。

信任

信任是跨境线上销售面临的最大问题之一。电子商务网站需要借助完善的支付系统来杜绝欺诈行为，并使客户相信他们使用的网站是信誉良好且可靠的。在跨境销售市场中，这是一项难以检验和监督的工作。

总结

零售业每天都能感受到来自电子商务的冲击。尚未采用全渠道销售方式的传统实体零售商正在与亚马逊和其他众多线上零售商争夺市场。这些线上零售商能够提供各种高质量的产品、快速的服务和低廉的价格。

然而，即使是电子商务领域，也面临着许多挑战，如果无法应对这些挑战，该领域的发展将会受到阻碍。跨境电子商务有潜力助推新兴市场的经济发展，但前提是必须简化贸易流程并修订相关的法律法规。

零售业需要开发其他的创新解决方案，以解决城市环境中最后一公里交付效率低下及大量退货的问题。

THE LOGISTICS AND SUPPLY CHAIN INNOVATION HANDBOOK

Disruptive Technologies and New Business Models

第 17 章

终极颠覆者：亚马逊与阿里巴巴

本章将介绍：

- 全球最大的两家线上零售商——亚马逊和阿里巴巴所采取的战略；
- 如何利用机器人降低物流成本；
- 这些线上零售商在改造物流方面所发挥的积极作用；
- 亚马逊和阿里巴巴的国际扩张战略及物流在其中发挥的作用；
- 这些公司与物流和最后一公里交付公司之间的关系及其发展趋势。

在颠覆零售业与供应链的公司中，有两家公司鹤立鸡群、引人注目，它们是亚马逊和阿里巴巴。尽管亚马逊对发达国家零售业的影响更广为人知，但阿里巴巴实际上已发展为全球最大的线上零售商，并在亚洲市场占据主导地位。它们不仅改变了零售业，也改变了各自所在市场的物流行业。

亚马逊

亚马逊已经成为电子商务领域的巨头，它从20世纪90年代的线上图书零售商发展成了一个涵盖软件服务（AWS）、电子书阅读器（Kindle）甚至餐馆外卖业务的多元化平台。它还有一项重要的物流业务，为世界各地的客户提供配送服务。该公司在美国纳斯达克交易所上市。

物流战略

2006年，亚马逊推出了FBA，从此它开始了自己的物流之旅。亚马逊将原先的内部服务变成对外销售的产品，如AWS和物流服务，这正是亚马逊的战略。

由于配送和出站运输支出约占其净销售额的四分之一，亚马逊物流业务的维持和扩张对其交易平台的成功是至关重要的，这也让物流部门成了庞大的成本中心。为此，亚马逊开始有意地推销其种类多样的内部供应链服务，其目标是既保持内部供应链的领先地位以支持自身运营，又促进业务多元化，使其进入一个具有可观收入增长前景的新领域。

亚马逊的物流战略

第一步：降低成本

亚马逊的战略是通过一个庞大的仓储和物流中心网络来实现规模经济，而通过这些网络实现的高运输量证明了其设计的合理性。这一战略可应用于航空货运、道路货运和航运，以充分发挥其规模效应。

第二步：推动收入增长

FBA 借鉴了目前亚马逊增长最快的云计算部门 AWS 的战略，为外部客户提供服务。因此，零售商可以使用亚马逊配送中心提供的服务。

未来，亚马逊将为其他托运人提供第三方运输服务，从而实现资产利用率最大化（进而降低成本）。“我们非常擅长物流。为什么我们不能把它变成一个基础设施，让其他人也可以使用呢？”亚马逊欧洲物流主管罗伊·佩蒂库西（Roy Perticucci）说。

亚马逊正在四个核心的物流市场（合同物流与增值仓储、快递、货运代理和道路货运）中开发各种服务，这些服务处于不同的发展阶段，但都引人注目。图 17.1 展示了亚马逊的主要竞争对手。

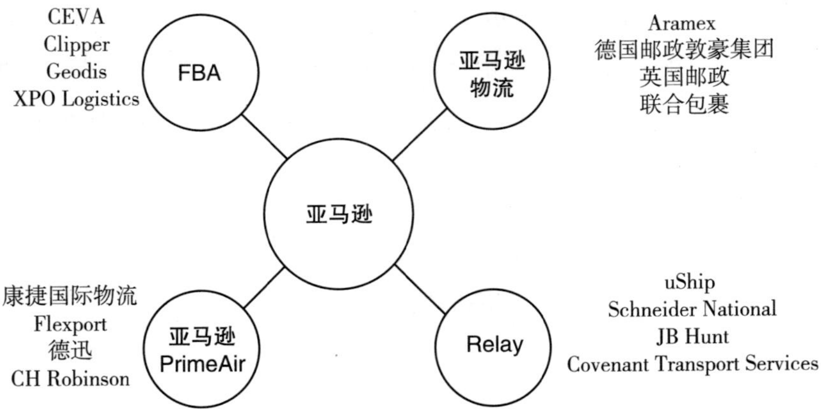

图 17.1　亚马逊及其主要竞争对手

合同物流与增值仓储

亚马逊的物流服务以 FBA 为基础，FBA 面向中小型企业和个人卖家，提供诸如提货和包装、打标签、运输及库存和退货管理等服务。为了支持这些服务，该公司开发了完善的库存和订单管理功能。

2016 年，该服务处理了 20 亿件商品，亚马逊卖家已采用 FBA 的业务同比增长了 70%。值得注意的是，运往美国以外的 FBA 业务增长了 80% 以上。FBA 的发展促使该公司于 2012 年从 Kiva Systems 收购了机器人技术，开发了一套复杂的仓储物流系统。亚马逊部署了大量的机器人，它们将货架带到工人面前，帮助他们快速拣选客户订单中的商品，仓库内的操作速度提高了 75%，仓储能力提高了 50%（因为通道大大减少）。总而言之，该系统可将运营成本降低约 20%。截至 2016 年年底，亚马逊已在其 20 个配送中心部署了 4.5 万台 Kiva 机器人。到 2017 年年底，机器人又增加了 5.5 万台，总数达到了 10 万台。

除了开发先进的系统来提高配送速度，亚马逊还通过 Seller Fulfilled Prime（SFP）和 Seller Flex 项目开发个性化配送服务。在 2015 年年底进入市场后，SFP 让亚马逊上的卖家可以从自己的仓库向 Prime 会员发货，而不需要先通过亚马逊的配送中心。所有配送均由亚马逊物流协调，它通过分包配送公司网络来协调订单和库存管理。

最后一公里交付

亚马逊在 2014 年启动了最后一公里交付项目，此前在 2013 年圣诞节期间，联合包裹和联邦快递在美国有大量的包裹未能送达。前车之覆，后车之鉴，这个事件给亚马逊带来了启发。亚马逊决定将减少物流支出作为一个战略目标，持续探索如何降低整体物流成本。亚马逊试图通过新的、多样化的替代交付方式来消除这些支出，包括快递柜和自提站点。

一个更具决定性的变化是，亚马逊采取协调行动，将运输管理业务纳入了亚马逊物流的管理范围。亚马逊物流并不雇用司机或购置卡车，其运营方式是把最后一公里交付业务分包给许多小公司和个体快递员。亚马逊物流从这种合作关系中受益匪浅，因为与跟联合包裹或联邦快递之类的大公司谈判相比，亚马逊物流跟这些分包商谈判时拥有更强大的议价能力，因此可以向这些分包商支付更低的价格。快递服务的关键在于服务品质、可靠性和速度。亚马逊在早期就认识到，对其客户来说，这比某个快递公司的品牌或穿着公司制服的快递员更加重要。

欧洲

尽管亚马逊物流并不拥有自己的运输资产，但该公司为其承包商提供停车场，仅在英国就租赁了 20 多处这样的设施。尽管亚马逊的这类设施网络仍在快速扩张，但随着对承包商的控制力及自身议价能力的增强，其海外运输成本可能仍会保持下降趋势。

亚马逊还在慕尼黑开设了一个分拣中心，雇用了 130 名员工，这可以被视为抢夺大型快递公司（敦豪速递和 Hermes）业务的一步棋。以此为基础，亚马逊确保了其承包商的报价处于合理水平。在该市，亚马逊目前拥有 240

辆运货卡车，由 6 家分包商运营。据报道，这些卡车投入运营后，其业务量相当于敦豪速递在当地总业务量的三分之一。

在其他国家，亚马逊采取了更直接的行动，以实现同样的目标。例如，在法国，亚马逊于 2014 年收购了快递公司 Colis Prive 25% 的股份，亚马逊对该公司的全面收购因竞争原因而受阻。

印度

在印度，亚马逊于 2012 年推出了物流服务，并于 2013 年推出 3PL 服务。此外，在 2014 年，它还推出了辅助运输服务，卖家可以通过亚马逊物流的服务从自己的仓库发货。2014 年，亚马逊与帕特尔物流公司（Patel Logistics）建立了航空货运联盟，由物流服务提供商将货物从一个机场运送到另一个机场，这是亚马逊确保次日就能把货物送到印度各地客户手中的计划的一部分。一旦产品到达机场，亚马逊的其他供应商将会提供最后一公里交付服务，如迦递货运（Gati）、蓝色飞镖快递公司（Blue Dart）和联邦快递。

中东

在中东，亚马逊于 2017 年年初收购了 Souq，随后于 2017 年 9 月又收购了其子公司的主要快递服务商 Wing。Wing 是在一个 IT 基础架构上发展出来的，该基础架构支持面向企业和个人消费者的移动和基于网页的交付解决方案，这符合亚马逊重视可见性和软件集成的战略。

美国

在美国，亚马逊主要专注于将包裹投递业务从主要的快递公司转向低成本的美国邮政。实际上，亚马逊物流的崛起为最后一公里交付提供了新的选择。此外，尽管亚马逊物流的目标是通过独立承包商来削减成本，但该公司还在研究一种更激进的解决最后一公里交付问题的方法——采用优步式的商业模式和最后一公里众包配送。这项名为 Flex 的业务最初于 2015 年在西雅图做了测试，之后扩张到了美国和欧洲的多个城市。亚马逊经常通过 Flex 的司机为 Prime 会员配送商品，特别是在需求高峰期，这一举措大大增加了配送服务的资源。

货运代理与航空货运

2016 年 1 月，亚马逊的中国子公司北京世纪卓越快递服务有限公司获得了美国联邦海事委员会颁发的无船承运商牌照，这使亚马逊能够提供航运服务。这呼应了亚马逊过去在供应链方面的行动，反映了该公司在改善规模经济方面所做出的努力。由于中国是亚马逊最大的商品来源国之一，所以中国成为亚马逊第一个将航运管理业务内包的市场也就不足为奇了。

亚马逊上的大卖家或许不会向亚马逊预订货运代理服务，因为亚马逊可以凭借无船承运商的身份了解货物的供应商和批发价，这对零售商来说是很不利的。但是，小商家和生产商不能无视它的优点：这是一个简化的跨境电子商务解决方案，据称可以做到在工厂门口处理所有的营销、订单管理、物流和配送业务。

亚马逊还探索了开展航空货运业务的机会。亚马逊在 2015 年尝试运行从美国航空运输服务集团（ATSG）租来的飞机，从 2016 年开始在北美洲和欧洲开展包机货运业务。在北美洲，亚马逊与阿特拉斯航空公司（Atlas Air）签订了租用 20 架飞机的机组人员、维护和保险（Crew, Maintenance and Insurance，CMI）合同，并与美国航空运输服务集团签署了另外 20 架飞机为期 5 年的 CMI 合同。此外，这些交易使亚马逊得以收购美国航空运输服务集团 19.9% 的股份和阿特拉斯航空公司 20% 的股份；如果后者愿意深化合作，亚马逊的持股比例可能会增加到 30%。

亚马逊进军航空货运业务的逻辑相对简单：通过建立自己的机队，亚马逊可以更好地控制配送业务。由于此举改善了供应链的可见性，亚马逊将拥有更强大的弹性和响应能力，并在其仓储网络中重新分配库存。

通过将部分航空货运业务内包，亚马逊正在增强其在高峰期为客户提供服务的能力，此前其物流合作伙伴一直对包裹数量激增的情况束手无策。拥有额外的运输能力可以使亚马逊在极端情况下减轻供应链的压力，弥补合作伙伴在服务能力方面的不足。然而，亚马逊能否完全满足航空货运的需求还有待观察。

从长远来看，亚马逊有可能将货机上的空间租给希望外包物流业务的公司，进而对联合包裹和联邦快递等快递公司发起真正的挑战。亚马逊已经为通过其网站销售商品的企业提供了配送服务，并拥有一个一体化的物流网络，号称供应链的可见性和计算能力均优于传统的快递公司，亚马逊真的有可能颠覆这个行业。

道路货运

亚马逊的道路货运业务刚刚起步。然而，初出茅庐的亚马逊已经采取了一系列举措，使该公司在零售业务中展开了与既有道路货运公司的竞争。

2015 年，亚马逊在美国购买了数千辆拖挂车，以提高从配送中心到分拣中心的包裹运输能力。此举的意义在于，亚马逊获得了统一的拖车队，这些拖车经过了优化，可以很好地与既有物流基础设施互动，因此提高了从枢纽到其他站点的配送流程的效率。此外，当需求发生变化，导致网络中的某些部分库存短缺时，亚马逊有能力即时做出调整，重新分配库存。

没有迹象表明亚马逊会购买卡车，它只购买了拖挂车。因此，该公司将继续外包长途货运业务。实际上，购买拖挂车的目的是加强公司对物流公司的控制。亚马逊致力于实现更高效的、一体化的境内物流系统，以支持其分拣中心和物流配送中心网络。

2017 年 11 月，亚马逊推出了 Relay，一款专门为卡车司机提供服务的专用应用程序，它可以让卡车司机提前输入货物信息，然后通过扫描手机快速地进站和出站。

亚马逊的物流基础设施

自 1995 年在美国成立以来，亚马逊很快便将业务扩张到了英国和德国，并于 1998 年和 1999 年分别在这两个国家开设了第一个物流中心。该公司于 2000 年在日本开设了第一个物流中心，于 2002 年在加拿大开设了第一个物流中心。这些国家的物流中心成了亚马逊实体物流网络的核心，除了线上零售商乐天（Rakuten）在日本排名第二，它是所有这些市场中电子商务领域的第一名。

2004 年，亚马逊通过收购卓越网在中国市场建立了业务实体。但是，由于当地市场中领军企业阿里巴巴的竞争，亚马逊未能在中国获得青睐。迄今为止，中国市场是该公司未能攻克的唯一市场。

尽管亚马逊在 2000 年推出了一个法国网站，但它直到 2007 年才在法国建立了业务实体，在此之前只能从欧洲的其他仓库向法国用户发货。2011 年和 2012 年，亚马逊分别在意大利和西班牙建成了第一批物流站点，然后分别在这两个国家开设了专门的网站。

亚马逊在欧洲设置的其他网站，如捷克（2013 年开业）、波兰（2014 年开业）和斯洛伐克（2017 年开业），都致力于服务欧洲市场，主要是德国。在德国，亚马逊与员工之间有复杂的劳资关系。

自 2004 年以来，该公司最重要的市场开拓是 2013 年在印度建立了国内业务部门。亚马逊的领导层认为，印度对亚马逊的长期增长至关重要，预计印度最终将成为该公司仅次于美国的第二大市场。亚马逊竭力避免在进入中国市场时所犯的“模式照搬”的错误，并根据印度市场的特点进行了调整，还在 2014 年承诺投资 50 亿美元以支持其业务在印度的扩张。

在向印度扩张业务后不久，亚马逊在拉丁美洲投资了实体设施，在巴西（2014 年）和墨西哥（2015 年）开设了物流中心。然而，与在印度的做法不同，亚马逊在这些地区的扩张力度没有那么大。此后，它在墨西哥增加了几个仓库，但并没有扩大在巴西的业务。不过，这种情况将会改变。2017 年的报告显示，亚马逊正在为巴西的业务扩张做准备，计划扩大其产品供应和实体商店。

亚马逊最近的扩张主要集中在中东和东南亚地区。2017 年年底，亚马逊在新加坡和澳大利亚开业。2019 年，亚马逊通过收购中东地区最大的电子商务公司 Souq，在中东建立了自己的市场地位。收购 Souq 为亚马逊在阿联酋、沙特阿拉伯、约旦和埃及提供了完善的物流基础设施。

表 17.1 列出了亚马逊已经进入的市场。

表 17.1　亚马逊已经进入的市场

市场	进入时间	市场排名	主要竞争对手
美国	1995 年	第一名	沃尔玛、易趣
英国	1998 年	第一名	乐购、易趣
德国	1998 年	第一名	Otto Group、Zalando
法国	2000 年	第一名	Cdiscount、易趣
日本	2000 年	第二名	乐天
加拿大	2002 年	第一名	沃尔玛、好市多
中国	2004 年	低于第七名	阿里巴巴、京东、苏宁、腾讯、一号店、唯品会、当当、国美
意大利	2010 年	第二名	易趣
西班牙	2011 年	第一名	英格列斯百货（El Corte Inglés）
巴西	2012 年	第五名	Americanas、MercadoLibre、Via Varejo 和 Magazine Luiza
印度	2013 年	第二名	Flipkart 和 Snapdeal
墨西哥	2013 年	第三名	MercadoLibre、Linio 和沃尔玛
澳大利亚	2013 年	未知	Myer、David Jones、JB Hi-Fi、Harvey Norman 和 Super Retail Group
新西兰	2014 年	低于第七名	Wehkamp、Bol、Zalando、Coolblue、H&M、Hema 和 Thuisbezorgd
新加坡	2017 年	—	Lazada（阿里巴巴）

阿里巴巴

阿里巴巴是全球最大的零售商，它在中国经营线上零售平台，包括淘宝（中国最大的移动电子商务平台）、天猫（中国最大的品牌和零售商第三方平台）和聚划算（闪速销售和营销平台），以及批发市场1688.com和“农村淘宝”计划（用于满足中国农村地区的消费需求）。

阿里巴巴的跨境业务包括阿里巴巴全球速卖通（销售中国商品的全球交易平台）、Alibaba.com（中国最大的全球线上批发市场）、天猫国际（天猫商城内供海外品牌接触中国消费者的平台）和Lazada（在印度尼西亚、马来西亚、菲律宾、新加坡、泰国和越南的运营商务平台——控股权于2016年4月获得）。

阿里巴巴还提供云计算服务、媒体和娱乐服务。通过混合投资与合作，阿里巴巴与支付宝（在线支付）、菜鸟网络（物流）等公司形成了关联体（见图17.2）。

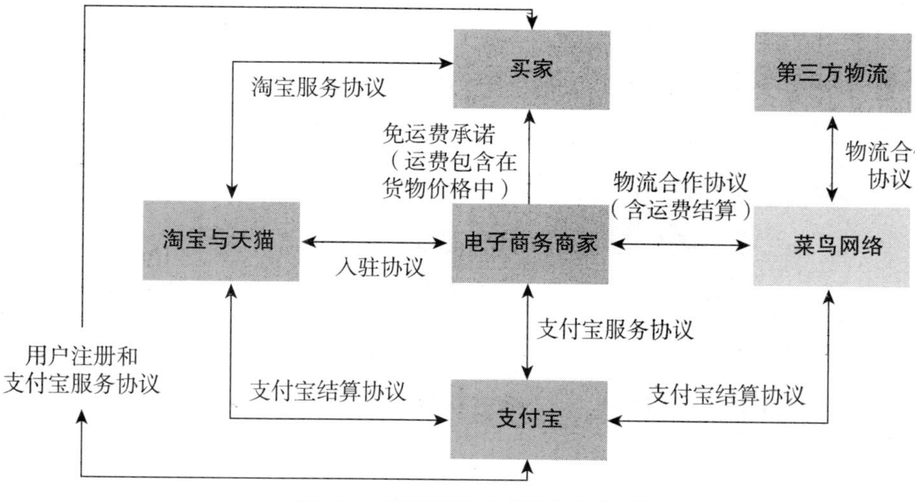

图17.2 阿里巴巴电子商务生态系统

菜鸟网络

阿里巴巴并不拥有自己的物流业务，而是与关键供应商建立了合作伙伴关系。阿里巴巴借助由菜鸟网络（阿里巴巴拥有该公司 51% 的股份）运营的中央物流信息系统实施平台战略。

菜鸟网络成立于 2013 年，是一个协同物流合作伙伴生态系统，它将参与阿里巴巴线上平台包裹投递的物流服务提供商联系起来，目的是共享信息、提高效率。它最初的投资者包括 5 家快递公司、1 家零售商和 2 家投资公司，它们分别是圆通、顺丰、中通、韵达、申通、银泰、复星和福鼎。

每个股东都被赋予了特定的职能：复星和银泰开发和管理仓储基础设施；福鼎处理长途运输；快递公司负责最后一公里交付；阿里巴巴管理信息和金融。

菜鸟网络本身并不投递包裹，而是运营一个物流数据平台，该平台提供实时数据，以帮助承运商提高库存管理效率，优化配送路线，并使消费者能够跟踪他们的订单。阿里巴巴的年报称，其网站上销售的全部商品有 81% 是通过菜鸟网络配送的。

截至 2016 年 3 月，菜鸟网络及其物流合作伙伴在过去 12 个月内帮助阿里巴巴中国零售市场投递了 122 亿个包裹。菜鸟网络的收入主要来自端到端的物流解决方案，其收入的很大一部分来自天猫超市。

该公司成立的首要目的是发展能够支持阿里巴巴在中国爆炸式增长的物流基础设施。它的业务很独特，试图将几家利益冲突的公司整合在一起，提供必要的物流业务，以支撑阿里巴巴的业务。在这个过程中，菜鸟网络创造了一个技术生态系统，许多中国最大的快递公司都嵌入了这个系统，以获得投递业务量。

截至 2017 年，菜鸟网络的 15 家战略快递合作伙伴在中国的 600 多个城市雇用了超过 180 万名快递员，它们共经营着超过 18 万个集散中心和分拣中心。

前面提及的 8 家公司中的 6 家都已经嵌入了阿里巴巴的生态系统，并且与菜鸟网络有着广泛的合作。出于不同的原因，EMS 和顺丰显得比较特殊。前者是一家国有企业，后者则积极寻求在中国快递业建立自己的独立地位，而且由于专注于高利润的 B2B 业务，它与其他公司有很大的不同。

虽然顺丰是菜鸟网络的创始成员之一，但在 2017 年 6 月，两家公司在数据共享方面产生了重大分歧，双方关系破裂。据称，菜鸟网络要求获得顺丰的数据，包括蜂巢快柜箱服务的相关信息，该服务除了支持菜鸟网络的配送业务，还为京东等其他电子商务客户的配送业务提供支持。顺丰是京东青睐的承运商，这使顺丰有能力平衡它在阿里巴巴的业务量，并使自己的客户结构变得多样化。

顺丰在这个方面相对成功，但其他主要快递公司发现，自己实际上是菜鸟网络的附庸。例如，中通在 2016 年首次公开发行股票招股说明书中披露，在截至 2016 年 6 月的半年时间里，与阿里巴巴相关的业务量占其总业务量的 75%。这些公司在阿里巴巴主要竞争对手京东的业务量要小得多。当京东于 2017 年 7 月宣布 5 家首选快递公司（京东快递、顺丰、中通、韵达和申通）的入围名单时，圆通（阿里巴巴持有 11% 的股份）表示京东业务量仅占其总业务量的 2%，因此未被列入名单不会对其业务造成重大影响。

2017 年 9 月，阿里巴巴向菜鸟网络投资 8.07 亿美元，以便将持股比例提高至 50% 以上（从 47% 升至 51%），这主要是对美国监管机构对阿里巴巴子公司透明度调查的回应。

全球化战略

菜鸟网络在国际货运市场中发挥的作用仍然有限。尽管如此，通过与众多伙伴的合作，该公司已经投资开发了国际货物中转站，并接管了中国境内的数据供应链。

- 该公司的全球化努力始于 2015 年，它与美国邮政建立了跨境物流合作伙伴关系，随后又通过阿里巴巴的东南亚子公司 Lazada 与西班牙邮政和中国邮政建立了类似的关系。
- 2016 年 3 月，该公司与 Hermes 子公司 Borderguru 建立了合作关系。Borderguru 与菜鸟网络合作，现在负责为希望通过阿里巴巴旗下的天猫国际在中国销售产品的欧洲客户管理整个跨境运输流程。
- 2016 年 10 月，阿里巴巴投入 8 620 万新加坡元获得了新加坡邮政子公司量子解决方案国际（Quantium Solutions International，QSI）34% 的股权。它还获得了监管部门的批准，将进行第二笔投资，金额为 1.871 亿新加坡元，这将使其在新加坡邮政的总持股比例升至 14.4%。此次合作将重点加强 QSI 在东南亚和大洋洲的端到端电子商务物流网络，包括仓储、物流配送和最后一公里交付。
- 2017 年 11 月，菜鸟网络与供应链服务、技术和咨询公司 4PX 合作，在广东省东莞市建立了智能物流园。园区总面积为 21 000 平方米，每年可处理 10 万吨的包裹。

尽管采取了这些措施，但阿里巴巴在国际物流方面最吸引人的发展与菜鸟网络并没有直接关系。One Touch 于 2010 年被收购，现在是阿里巴巴 B2B 事业部中增长最快的部门。One Touch 致力于通过融资和报关等出口服务支持中国的中小型企业。对中国托运人来说，使用 One Touch 的主要理由是：作为一个信用系统，它可以利用其对客户数据的访问权，直接与银行谈判，为单个出口商提供价格更便宜的融资服务（与出口商独自申请相比）。

2017 年 1 月，One Touch 与马士基航运公司和世界货运联盟（World Cargo Alliance，WCA）签订了合作协议。这两项举措都体现了阿里巴巴对跨境电子商务的兴趣日益浓厚，并可能预示着该公司更庞大的全球扩张计划。

总结

亚马逊与阿里巴巴彻底地改变了全球零售业，正如许多实体零售商发现的那样。它们不仅提供了一种新的购物方式，还改变了消费者对商品的期望。为了促进这些变化，它们建立了符合其需求的物流系统，而不是使它们的商业模式适应既有行业结构。之所以能够做到这一点，是因为它们的规模十分庞大，这也是为了抑制飞涨的物流成本所采取的必要举措。随着它们争夺全球市场主导地位，它们肯定会在未来的很多年里成为物流和供应链创新的根据地。

THE LOGISTICS AND SUPPLY CHAIN INNOVATION HANDBOOK
Disruptive Technologies and New Business Models

第 18 章
供应链和物流行业的未来

本章将介绍：

- 15 年来，供应链和物流行业的概况；
- 哪些创新将会成功及它们被采用的可能性；
- 颠覆式创新将对运输和仓储业的就业产生哪些影响；
- 在全球范围内供应链的性质可能会发生哪些变化；
- 处于早期开发阶段的应对物流挑战的解决方案。

第四次工业革命的影响在运输、物流和供应链的发展中体现得最为明显。然而，目前还无法判断其结果是积极的还是消极的，这取决于未来几年的发展。

在众多的创新中，哪些会成为引领未来发展的主流是很难断言的。图 18.1 试图预测哪些将被全行业采用，哪些只是小众应用。

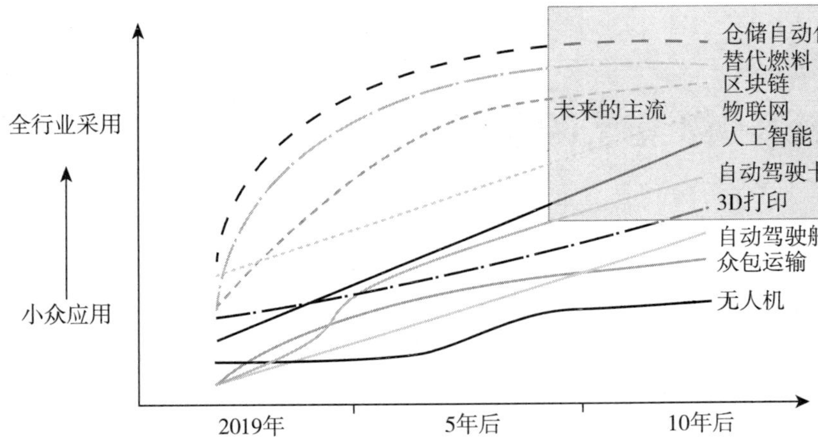

图 18.1　全行业采用或小众应用

我们认为，在未来 10 年乃至更长的时间内，仓库自动化将引领整个行业的发展。未来几年，不仅自动化的成本会低得多，劳动力短缺的趋势也将迫使仓储运营商热衷于投资仓储技术，尽可能减少劳动力成本上升带来的影响。我们预计，到 21 世纪 20 年代中期，投资将大幅度增加。

此外，在城市实施柴油禁令的公共政策将使对替代燃料的投资大幅增加。

IoT 和 AI 将被稳步整合到供应链和物流行业中，但随着新技术的采用，可能会出现意想不到的结果和问题。区块链在商业炒作停止后将成为另一种形式的技术，有效地促进贸易往来并增进商业信任。

其他技术也将继续发展，但由于一些挑战或障碍，不会被广泛采用。尽管自动驾驶卡车在技术上已经具备可行性，但它仍将面临监管障碍及公众的不安情绪。3D 打印将成为制造过程中越来越重要的部分，但将其成本降至适用于大规模生产还需要许多年的时间。众包运输将是最后一公里交付中的一个小众环节，尽管它的吸引力正在逐渐增强。自动驾驶船舶将逐渐获得航运业的认可，但该领域的投资前景表明变革将是演进式的，一步一个脚印。

尽管有大量宣传，但无人机只会在实际业务中扮演一个小角色，至少在最后一公里交付方面是如此。不过，在某些地区，特别是受极端天气影响的偏远地区或在全球变暖影响下交通基础设施发生意外的地区，它们将成为重要的救援工具。在发达经济体中，它们将被更广泛地应用于仓库和其他非公共空间，它们在扫描货品和盘点清算这些方面已经被证明是很有价值的。

创新被采用的速度

正如本书所指出的那样，预测哪些创新将会对行业产生实质性的影响已经很困难了，预言它们产生影响的时间就更是难上加难了。例如，在世纪之交的互联网热潮（和萧条）之后又过了 10 年，主流零售业才受到影响。同样，人们也很难判断 3D 打印、IoT 或数字货运平台的普及速度。

其中一个原因是，这些创新并不是凭空产生的。它们所要应对的挑战在不断地变化，这可能会对它们所创造的价值产生重大影响。站在公司层面，市场参与者不会停滞不前，它们往往善于吸收或开发具有竞争力和更有效的新技术。

以替代燃料为例，毫无疑问，如果柴油发动机技术没有发展到现在的水平，氢电池、电力发动机或生物燃料投入实际应用的速度将会快得多。然而，事实是柴油发动机汽车已经如此高效，这巩固了该技术在成本和全方位应用方面的市场领先地位。制造商相信，未来柴油发动机还会有很多改进，如果不是出于公共政策的需要，就没有商业上的理由进行改变。

此外，还要重视“创新生态系统”这一概念。换言之，在采用创新商业模式之前，必须准备好所需的基础设施。替代燃料就是一个很好的例子。在司机或公司对投资新型电力推进系统有充分的信心之前，必须建立一个完善的充电网络，以消除人们的“里程焦虑”。

只有当旧技术不再有改进提高的空间并且支持创新的基础架构真正到位时，吐故纳新才可能发生。罗恩·阿德纳（Ron Adner）和拉胡尔·卡普尔（Rahul Kapoor）所说的“创造性的颠覆”快速发生的概率极低。新旧技术通常会并存一段时间，直至旧技术或旧商业模式被彻底废弃。该描述可能最适用于国际贸易中的纸质文件。尽管每个人都认识到，在现实世界中所有的事物被数字化只是时间问题，但要实现这一目标的生态系统仍然不存在。同理，混合动力发动机也是这种共存现象的一个很好的例子。新技术与旧技术并行工作，解决了充电基础设施不足的问题。

另一个例子是打印条形码和 RFID 传感器。按照常规的逻辑，传感器可以存储大量的信息，这些信息有多种用途，业界应该很快就会将其投入应用。但是，传感器的成本比打印条形码高得多，条形码生态系统的普遍性（从零售商到制造商，再到介于两者之间的物流服务提供商）及其可靠性，最终使所谓的“RFID 革命”进行了数十年的时间。

市场分析师或管理者的问题是，很难判断这些基础设施或生态系统问题将以多快的速度得到解决，特别是在市场状况不断变化的情况下。不仅要考虑商业投资和技术发展，还要考虑政府的干预。对绿色能源项目的补贴可能会促进一项技术的发展（或扭曲市场，这取决于你的立场），这类补贴措施取决于公共政策并会随着政策制定者的变化而变化。21 世纪头 10 年中期以来，人们对柴油发动机态度的转变就是一个很好的例子。作为减少温室气体排放的一种方式，它曾受到鼓励，但现在却被视为有害污染物的来源，尽管可量化的证据丝毫没有改变。

物流行业的未来概况

物流行业每一个主要的细分领域都有许多替代途径。但是，我们认为每个细分领域都有其关键属性，如表 18.1 所示。

表 18.1　2035 年物流行业细分领域的属性

细分领域	替代燃料	数字技术	自动化	实体技术	说明
道路货运	电力或氢	• 平台（交易） • 协作 • 共享	（半）自动跟车	• 预测性维护 • 资产跟踪 • IoT 跟踪	利用率更高
仓储	光伏	• 共享 • 虚拟化 • AI	• 自动化与机器人 • 增强 / 虚拟现实 • 琐碎订单配送	• 无人驾驶飞机 • IoT 库存管理	• 智能的和绿色的 • 更小的单位
货运代理	—	• 数字化 • 控制塔 • 4PL • 区块链与智能合约 • 数字货运平台	—	—	随着在细分市场中以管理者的角色创造了更多的增值，经纪业务变得不再那么重要

（续表）

细分领域	替代燃料	数字技术	自动化	实体技术	说明
航运	电力或天然气等“清洁”无硫燃料	• 数字化元文件 • 区块链与智能合约	（半）自动化	• 大型船舶 • IoT 跟踪	• 单位成本更低 • 整合产业 • 南南贸易的规模
快递	电力或氢	• 按需服务 • AI • 众包运输（小众市场） • 路线规划 • 动态交付方案	• 自动化集散中心 • 机器人 • （半）自动驾驶货车	• 无人机（小众市场） • 3D 打印	优化市内配送
航空货运	电力	数字化元文件	（半）自动化	IoT 跟踪	• 3D 打印影响高科技中间产品的产量 • 快速清关

道路货运

我们认为，到21世纪30年代中后期，随着各国政府积极支持替代燃料，柴油发动机将被逐步淘汰。对高频率、小包装配送及电子商务配送的需求意味着电动汽车将成为城市地区的主要选择。天然气和氢电池是远距离和高有效载荷的首选技术。车辆的自动化程度将会变得很高，在主干道上排成一列的自动跟车车队将会变得很普遍。对道路基础设施的投资将意味着车辆与高速公路的控制塔之间及车辆本身之间的数据将持续不断地流动。在大多数政府监管要求中，驾驶员仍然是法律规定的职业，但他们在驾驶卡车方面发挥的作用可以忽略不计。不过，司机的工作时间规定将被放宽，这意味着车辆利用率将大幅提高，盈利能力也会随之提高。

更高的可见性意味着车辆利用率将会提高，货物将变得更加单元化，这将促进转运，加快交付速度。由 AI 驱动的 TMS 将做出复杂的转运和配送决策，运输网络将变得更加动态化。

仓储

仓储将在很大程度上实现自动化。机器人将负责大部分目前由人类完成的工作，并由 AI 控制。电子商务将主导仓储业，因此将出现高频率的大量单品的拣选。

然而，线上零售商不采用以大型中央配送中心为主的模式，而是利用当地仓库来储存订购频率最高的商品，在城市地区提供当日送达服务。这些仓库将建在零售园区，以充分利用大型零售场所。随着线上零售的日益普及，到 21 世纪 20 年代，这些零售场所将变得越来越多余。

Zara 的母公司 Inditex 已经宣布，它正在探索将既有商店作为迷你物流中心或配送中心。这种战略使其能够满足来自最近商店的客户订单，避免相关商品在中央仓库缺货，这将成为常态。

配送中心将变得更加环保，改为使用太阳能。由于人类操作员很少进入拣选区，采暖和照明将变得不那么重要。自动驾驶卡车更高效地接近码头，工人不再需要大型停车场，仓库占地面积也将缩小。

此外，共享仓储平台意味着市场会变得更有弹性，而长期租约的数量将大大减少。无论库存在哪里，WMS 都可以查到。在较大的地域范围内分配库存将降低运输成本，并降低集中式运营发生中断的风险。

货运代理

在促进国际贸易方面，货运代理仍将发挥重要作用。然而，部分传统业务将实现自动化，如报价、文档编制和预订。货运代理将扮演控制塔的角色，作为一个中立的货运流程管理者，评估风险并在必要时变更路线。AI 将在其产品中扮演重要角色。

货运代理对多个运输网络的独特可见性意味着，至少对许多托运人而言，去中介化并无意义，货运代理整合多个运输网络的能力仍将是一种竞争优势。

航运

到2035年，航运业的许多方面将发生重大变化。船舶将由电力发动机或液态天然气推动，船舶将变得越来越自动化，尽管仍不是完全无人驾驶。船舶的零部件可以在港口设施进行3D打印，然后由无人机运送到船舶上。船上的传感器将触发预测性维护。

新的造船技术将增加每艘船的运力，但这将限制它们能够停靠的港口的数量。小型支线船舶网络将变得与往返航线一样重要。枢纽港口之间的中转时间将会缩短，因为燃料成本将会下降，而且不需要减速航行。

对某些专门用于慢速航行的大型船舶来说，对替代燃料的需求可能会带来一些问题，因为它们的发动机可能需要更换，而这是没有成本效益的。它们可以扮演“浮动”制造中心或配送中心的角色，并移动到需要的地方。3D打印和其他先进的制造技术很有可能在船上进行，因为船上有所需的原材料、电力和良好的通信。

快递

电动汽车将凭借密集的充电站网络，在快递领域的最后一公里交付市场中占据主导地位。越来越多的车辆将实现自动驾驶，尽管车辆管理系统将取代驾驶员。其主要作用是把包裹通过运输工具交付给最终收件人。

市场中将出现多种运营模式，包括无人机送货到偏远地区、特定城市内的机器人送货及众包运输（更多地使用公共交通工具和私有车辆）。按需服务将成为快递公司已建立的轴辐式网络的重要补充。

庞大的电子商务配送业务量需要AI控制塔的协调。集散中心将实现完全自动化，不过，订购频率高的商品将被储存在城市本地的配送中心，实现按需交付。

航空货运

飞机将由传统的航空燃料和混合动力驱动。飞机发动机噪声的降低将使机场能够全天候运转，这避免了额外跑道的建设。最终，电池技术的一个重大改变将使全电动飞机得以发展——减轻重量，增加有效载荷，减少排放。

航空货运成本的降低将刺激需求，使短途货运更加经济。随着空中出租车的发展（正如优步所提议的），高价值、低重量的货物在本地化的基础上通过空中运输很可能实现。

所有航空货运单据和其他文件都将实现数字化，从而提高效率，缩短通关时间。传感器可以实时跟踪货物，并提供有关货物状况和环境的全面数据。

3D 打印的采用将成为该行业的一个不利因素，它将降低全球航空货运的需求。

未来的运输与仓储工作

WEF 的奥利弗·坎恩（Oliver Cann）认为，“第四次工业革命及其他社会经济和人口结构的变化将在未来 5 年内改变劳动力市场，导致 15 个主要发达和新兴经济体的 500 多万个工作岗位净流失”。这一数字适用于整个工业，运输和物流行业也不能幸免。面临风险的不仅仅是体力工作，AI 将使许多目前由白领占据的岗位实现自动化。

然而，对这个问题还有另一种看法：新技术并不是威胁，它们可能会推动许多公司的发展。该行业普遍存在劳动力短缺的问题，而提高效率、辅助工人工作或填补劳动力缺口的技术将有助于降低供应链成本。

仓库自动化

正如前文所述，机器人已经开始在仓库中发挥重要作用。这种发展趋势最终将催生所谓的“黑灯仓库”。事实上，无人和完全自动化的配送中心已经出现了。中国线上零售商京东建立了一个这样的仓库，该仓库位于上海嘉定区，占地面积为4万平方米。该仓库每天可处理20万个订单，由机器人和其他自动化技术完成日常操作，这些自动化技术可以自行计算如何避免碰撞并优化路线。该仓库只有4名员工。

然而，这种自动化是有局限的。这种设备只能处理某些类型的货物，货物的大小、形状和重量都是一样的，因为拣选机器人不能举起超过3公斤的物品。但我们可以预测，技术的进步将扩展兼容的产品类型和重量，并实现更高程度的自动化。

从卡车司机到卡车管理员

仓库环境（以及港口和机场的货物装卸设施和区域）的受控特性意味着，用机器人代替劳动力是大势所趋。然而，在这种高度管制的区域以外，用机器人替代工人十分困难。即使驾驶员的角色完全被消除，在机器人技术没有相当大的进步的情况下，将包裹从路边人行道送到最终用户手中仍然需要一个人，至少在可预见的未来是这样的。话虽如此，实现载货卡车的完全自动化要容易得多。这项技术将会成熟，但公众或政府是否准备接受无人驾驶汽车则是另外一回事。因此，驾驶员的角色很可能会改变，但不是被淘汰。

全球供应链的转型

从20世纪80年代开始，全球经济一体化的程度越来越高，制造商可以将生产流程分解并外包给远在异地的供应商。有人认为，全球化是不可阻挡的，因为制造商和零售商正在寻找越来越便宜的劳动力来为发达地区生产商品，并充分利用某些地区在某些行业和工艺流程中的后发优势。在某些情况下，这种优势体现为它们所带来的增值；在另外一些情况下，这种优势体现为成本降低，尤其是那些与劳动力有关的成本。

然而，全球化并不一定会随着供应链的永续发展而持续。尽管在可预见的未来，全球商品流动仍将继续，但供应链的再平衡将会发生，首先出现的是下游配送的区域化，然后面向特定区域的供应链也会出现。下面介绍几个重要的驱动因素。

3D 打印

3D 打印将成为上游和下游供应链本地化趋势的加速器。

这项技术有可能减少半成品的数量，从而瓦解“亚洲工厂”的概念。未来，企业将不是在另一个地方生产组件，而是将上游的生产活动纳入自身生产体系。中国是 3D 打印的主要投资者，其目标是重新获得目前“流失”到其他亚洲国家制造商的附加值。

从物流的角度来看，这样做的影响是，由于在最终配送之前有更多的货物在一家工厂生产，因此对运输和物流的需求将会减少。鉴于 3D 打印已经被许多行业广泛采用，这种情况变成现实真的不会太遥远。

3D 打印对下游供应链的影响不那么紧迫。然而，制造的消费化是很有可能发生的，在这种情况下，全球和区域供应链可能会变得多余（至少在某些行业是这样的）。消费者可能最终能够在家里打印一些物品，或者至少通过本地的设施完成打印。这将消除许多产品运输的需求，尽管可打印的产品的类型将是有限的。

新兴市场的增长

一段时间以来，新兴市场一直在发生转变，从西方制造商低成本劳动力的主要来源转变为消费市场。在 20 世纪头 10 年末期的经济衰退之后，随着出口市场的下滑，许多发展中国家被迫将投资重点放在国内基础设施上，以保持经济增长。再加上当地生活水平的提高，发展中地区生产的产品更有可能留在当地。因此，全球经济增长并没有带来衰退前的那种高水平的贸易。

对许多跨国消费品制造商而言，新兴市场的销量增长不一定会导致全球商品流动增加。这是因为，新兴市场的成功渗透依赖于为特定的本地市场开发产品，并迅速、廉价、高效地交付这些产品。

这一点及特大城市的发展会让新兴市场成为供应链投资的重点。亚洲、拉丁美洲和非洲将发展自己的物流生态系统，而不是依赖与欧洲和北美洲的联系。

物流的重点在大城市

供应链在新兴市场本地化的另一个影响因素将是特大城市的发展，特大城市通常是指人口数量超过 1 000 万的城市。世界上发展最快的 10 个特大城市都在新兴市场。

特大城市将创造自己的规模经济，并由当地和区域内的生产设施供应物资。

- 消费品将根据当地的偏好进行定制。
- 每个城市都将开发自己独特的生态系统，并综合考虑人口、数据、金融、能源、废弃物、商品和服务的流动。
- 运输需求将取决于每个城市的需求和能力，糟糕的规划和基础设施将导致高昂的物流成本。
- 配送、包装、微型化和逆向物流要求加大物流服务的供应强度。

这一趋势所面临的诸多挑战的一个例子是，2005 年零售商和消费品制造商不得不在中国的 60 个城市建设配送网络，以覆盖中国 80% 的人口。到 2020 年，这些公司将需要在 212 个城市开展业务，才能覆盖相同的市场。物流将越来越多地集中在城市地区，而非农村地区。

到底是科幻小说还是科学事实

本书介绍的许多技术创新就在几年前还被认为是不切实际的。尽管人们将一些人或公司在交通方面的投资视为炫富或虚荣，但是现实最终会证明这种批评很可能是短视的。下面重点介绍三个方面。

埃隆·马斯克的超级高铁

超级高铁（Hyperloop）是一个雄心勃勃的项目，它使用真空管中的密封仓，密封仓由磁悬浮力推动。这些密封仓能以每小时 600~1 000 公里的速度远距离运送乘客或货物。

以每小时 1 000 公里的最高速度，超级高铁可以在 16 小时内完成相当于 4 天的卡车行程或 23 小时的飞行。据称，这一成本仅为货运成本的 1.5 倍。当然，这并没有考虑到初期建设基础设施时所需的巨额投资。

它的用途之一可能是城市电子商务配送。超级高铁可以让托运人有机会在人口中心以外的地方建立大型配送中心，从而节省昂贵的城市仓储空间。尽管仓库与人口中心之间的距离较远，但超级高铁能将产品快速运输到市中心，节省大量的时间。该系统能让较大的配送中心同时为多个人口中心服务。一个备受吹捧的提议是建设连接巴塞罗那和马德里的车程只有半小时的超级高铁。建立在中间的配送中心将有能力同时为这两个人口中心提供服务。

但是，由于客运是该技术优先考虑的应用，因此无法保证货运会获得一席之地。

亚马逊的空中配送中心

2016 年 12 月，亚马逊申请了空中配送中心专利。该中心类似飞艇，有一个悬挂式货舱，用于从城市上空发射数百架无人机，每架无人机都能滑翔至目标降落区，从而节约能源、增加航程。

专利文件假设，无人机在执行完交付任务后，没有足够的能量返回航空枢纽。替代方案是，这些飞行器将飞到最近的陆上基地，然后定期由一艘小型的“航天飞机”飞艇送回航空枢纽。

飞艇

人们对开发能够向没有机场基础设施的地区（尤其是偏远地区）运送重型货物的飞艇有相当大的兴趣。洛克希德·马丁（Lockheed Martin）等公司已经在这些交通工具上投入了大量资金，这些交通工具最终将能够装载比飞机更多的货物，比轮船更快。其混合动力飞艇的最新设计方案引入了一个气垫着陆系统（Air Cushion Landing System，ACLS），可以让飞艇在气垫上的任何地方着陆。

初创企业飞鲸（Flying Whales）吸引了法国政府、一家林业机构和中国航空工业集团公司的投资。其设计的飞艇被用于从遥远的森林中收取木材。其上市时间预计为 2022 年。

这家公司的竞争对手之一 Airlander 来自英国，其产品处于开发阶段，旨在实现通信、货运和勘测功能。目前处于设计阶段的 Airlander 50 可以在一个 500 立方米的装载舱中装载 50 吨货物。它同时面向工程项目和散货市场。

尽管技术和经济上的考虑推迟了其商业推广，但到 2030 年，它们在空中飞行有可能成为常见的风景。

结论

新一代的创新解决方案正在改变社会和商业的方方面面，供应链和物流行业也不例外。无论在社会、经济还是环境方面，创新者都在审视行业面临的挑战，并开发新的商业模式和概念来应对挑战。

有许多创新者来自行业之外，这就孕育了解决某些棘手问题的全新方法。如果采用来自金融服务、IT 和个人移动性（Personal Mobility）等领域的模式，并将这些模式与新技术及来自共享经济和循环经济的设想整合起来，恐怕没有哪个行业能够免于颠覆。

这对长期主导该行业的企业意味着什么？仍然一成不变的托运人、承运商、货运代理与客户之间的关系？ 生存和成功将依赖于供应链中所有参与者的努力，评价它们产生的价值，动态地、及时地适应新的商业环境。

乐观的理由有很多。物流效率的不断提高，尽可能减少对环境的影响，以及注重价值创造而非劳动力成本的模式，都将为行业创造长期发展的可持续性。当然，还有许多有待解决的问题。如果物流行业从劳动力密集型行业转变为高科技和高自动化水平的行业，那么多出来的数百万工人将带来哪些社会冲击呢？这是送给政治家的一道难题。

总结

到 2030 年，我们会看到许多创新在整个行业得到了广泛采用，而这些创新目前还处于发展的早期阶段。其中最成功的将是仓库自动化、替代燃料、自动驾驶汽车、IoT、AI、3D 打印和区块链。

这些创新被采用的速度取决于既有技术能否进一步改进提高，以及这些创新技术所赖以生存的生态系统的形成速度。这个方面的一个例子是为消除“里程焦虑”而开发的充电网络，这将鼓励企业或个人投资于电动卡车。

未来几年，物流行业的每个领域都将发生重大变化。数字化平台将恰如其分地满足供求关系，替代燃料将减少排放，自动化将提高效率并降低成本。颠覆的力量影响了许多既有市场参与者，迫使它们气喘吁吁地跟着变化奔跑。

供应链也将发生变化。更加复杂的区域和本地网络，尤其是为发展中地区的大城市提供服务的网络，将促进全球化的东西方向的贸易流。与此同时，全新的技术可能会（也可能不会）改变既有物流系统，如马斯克提出的超级高铁。

版权声明